Hans Jürgen Heringer

——

100
Jahrhundert
Wörter

Hans Jürgen Heringer

# 100

## Jahrhundert
# Wörter

Königshausen & Neumann

*Bibliografische Information der Deutschen Nationalbibliothek*

Die Deutsche Nationalbibliothek verzeichnet diese Publikation in der Deutschen Nationalbibliografie; detaillierte bibliografische Daten sind im Internet über http://dnb.d-nb.de abrufbar.

© Verlag Königshausen & Neumann GmbH, Würzburg 2023
Gedruckt auf säurefreiem, alterungsbeständigem Papier
Umschlag: skh-softics / coverart
Umschlagabbildung: Illustration: Hans Jürgen Heringer, Wikimedia

Printed in Germany

ISBN 978-3-8260-8197-2
eISBN 978-3-8260-8198-9

www.koenigshausen-neumann.de
www.ebook.de
www.buchhandel.de
www.buchkatalog.de

# Inhalt

Das Konzept . . .          6

1. Zu Beginn des . . .          7

2. Erster Weltkrieg und . . .          25

3. Zeit der Nazis mit . . .          41

4. Stunde null  und . . .          59

5. Hüben . . .          75

6. . . . und drüben . . .          97

7. Hüben und drüben . . .          107

8. Und jetzt? . . .          123

Register . . .          141

## Das Konzept

Hundert Wörter in 100 Jahren? Gerade passend?
Das glaubt natürlich niemand. Und selbst für dieses Buch
hatte ich schon mehr als 200 – ausgewählt natürlich.
Daran anschließend noch mal die Hälfte selegiert. Könnte
ich dafür valide Kriterien angeben? Nein, leider nicht.
Es gab natürlich Kriterien.
Einmal: Welche waren schon mal in? In irgendeinem Sinn.
Dann: Über welche kann ich in der gebotenen Kürze hier
schreiben? Darunter habe ich schwer gelitten: Über die
meisten wäre viel mehr zu schreiben. Ich hoffe auf Ihr
Nachsehen und vielleicht etwas Dank für Kürze und
Pointierung.
Und dann: Über welche kann ich schreiben – so wie es mir
gefällt?
Eine Sprachgeschichte? Eine Wortgeschichte?
Ja. Mit diesen Wörtern wird selbstverständlich etwas von der
Geschichte Deutschlands dargestellt. Aber geht es nicht nur
um Wörter? Nein, Geschichte in einem kruden bis infantilem
Sinn ist uns nicht zugänglich. Geschichte ist immer in Wor-
ten gefasst. Und Wörter fassen darum auch Geschichte.
Darum auch im Plural.
Ohne Worte und Wörter gibt es keine Geschichte.

## Entwelschung

In den Kasseler Gesprächen des 9. Jahrhunderts konnte man schon gut Deutsch lernen, wenn man Latein konnte. - 😊

> Stulti sunt romani sapienti sunt paioari.
> tole sint uualha spâhe sint peigira.
> Dumm sind die Welschen, klug sind die Bayern.

Das mag zwar stimmen, werden Bayern sagen. Aber wer waren die Welschen und was haben sie gemacht? Eigentlich haben sie gar nichts gemacht. Es war vielmehr so, dass die Deutschen über Jahrhunderte Wörter von ihnen übernommen – ich will nicht sagen geklaut haben. Denn sie bleiben ja auch bei denen. Ja, und dann kamen später auch wieder Deutsche, andere eben, die wollten das gar nicht. Wollten es rückgängig machen und wollten, dass die anderen Deutschen da mitmachen. Sie merken, wir reden hier nicht nur von der Vergangenheit.

Über Jahrhunderte kämpften diese Puristen gegen das Fremde im Deutschen, und die Entwelschung ist vor allem verbunden mit dem Namen *Eduard Engel* und seinem Träger. Der Name war Tarnung, er war eher das Gegenteil – ein Hetzer vor dem Herrn. Aber er war hocheloquent.

Engels Kampfgebiet ist das Welsch in allen Formen.

Was sie tun, die Welscher? Natürlich welschen sie. Aber sie können noch viel mehr: engländern, französeln, fremdwörteln, griecheln, nachnäseln, überfranzöseln, verbriteln, briten, verlateinern, fremdbrockeln.

So hat der Engel auch diverse Varietäten entdeckt wie Alltagsgeplapper, Amerikanerdeutsch, Apothekergriechisch, Berlinfranzösisch, Brockensprache, Küchenlateinisch, Leierkastenitalienisch, Makkaroni-Gedichte, Mengselsprache, Missingsch, Tertianergriechisch, Schweinedeutsch, Schwindelsprache, Sprachkitsch, Sprachplunder und Sprachschlamm.

Das Welsch des deutschen Alltags zeigte sich im welschen Straßenbild und Gewerbe.

Da bekam man (wenn man Geld hatte):

> Pelerinen, Lingeries, Chemiseries, Dentelles, Galanteriewaren, Bijouterien, Fabrikaten, Importen, Konserven, Manufakturen, Produkten, Parfumeries, Passementeries, Tapisseries, Plissees,
> und in den feinsten Spezialitäten
> prima Qualitäten.

Engels Hauptwerk zur deutschen Stilkunst hat in vielen, vielen neuen Auflagen überlebt. Allerdings weniger in der Originalform als vielmehr unausgewiesen übernommen – wenn nicht gerade plagiiert – in Form von Reiners' Stilkunst. Um Engel selbst ist es still geworden. Er war voll Deutscher und Jude und fiel einer ähnlichen Ideologie anheim. Doch das Entwelschungsprinzip und seine Grundideologie lebten weiter, wenn auch unter vielen anderen Namen. Und mit neuen Zielen.

In unserer Zeit noch als wohltuend moralische Korrektheit.

# Erbfeind

Historisch Blinde könnten denken, das sei so ein Fortschrittli-cher, der gegen das Erben ist, jedenfalls die Erbschaftssteuer erhöhen möchte. So dürfte das Wort selten gebraucht sein. Etabliert und lexikalisiert ist das Wort mit klarem Bezug. Wenn es denn im Wörterbuch erklärt würde als „ewiger, verhasster Feind", so wäre das historisch etwas kurz gegrif-fen. Unser Erbfeind waren die Franzosen, genauer der Fran-zose.

> Das treue Volk hasste den Franzosen als den Erbfeind,
> war gern bereit, den alten Schlachtenmut wieder an dem
> Franzmann zu erproben.

Aber was soll da „unser" heißen. Hier wenigstens schon nicht mehr das Volk:

> Alle Feldzüge gegen die Franzosen, die Erbfeinde des
> Kaiserhauses Habsburg durchgemacht, und glühte von
> Begeisterung, wenn er auf jene Zeiten zu sprechen kam.

Und war es hier vorbei?

> Zu große kleine Leute können nun das wundervolle
> ironische Wort des französischen Erbfeindes gebrauchen.

So einfach ist es also mit dem Erbfeind gottseidank nicht. Oder noch schlimmer? Auch die anderen und die Erbfeinde selbst hatten den ihren, so die Franzosen eben England als Erbfeind des Vaterlandes. Und eben uns. Wie wir da wohl hießen? Es könnte sein, dass es passende Wörter in allen möglichen Sprachen gibt.

Was wir aber lernen, ist: die Reziprozität. Also mit Vorsicht zu genießen!

## Blaustrumpf

Sie wissen, worum es geht? Na dann erst mal: Schon im Wörterbuch von Adelung im 18. Jahrhundert verzeichnet als „Spottnahme der Gerichtsdiener, und in weiterer Bedeutung auch eines jeden Angebers und Verräthers". Eben weil die Gerichtsdiener oft blaue Strümpfe trugen. Im Deutschen Rechtswörterbuch steht das Wort für den Polizeidiener.

Das alles findet man heute in modernen nicht mehr. Dem Wort haben wir eine andere Bedeutung aufgepfropft, wenngleich vielleicht das Spöttische erhalten blieb.

In England gab es nämlich andere Blaustrümpfe. Diese Strümpfe waren Kennzeichen der Mitgliederinnen (besser Mitglieder*innen?) eines Clubs von intellektuellen Frauen. Später kamen dort die Suffragetten in groben blauen Wollstrümpfen daher und demonstrierten für das Wahlrecht für Frauen – und hatten bekanntlich Erfolg.

Das war auch für deutsche Frauen attraktiv. Die Strümpfe wohl eher nicht. Aber die Bezeichnung blieb.

Und irgendwie im gleichen Umfeld wie im 19. Jahrhundert:

> Er sehnte sich nach weiblichem Kaviar – ein Blaustrumpf, eine Emanzipierte, eine Giftmischerin! – es war unserm Ritter einerlei.

> (Georg Weerth: Leben und Thaten des berühmten Ritters Schnapphahnski)

Wenn Sie wissen, was ein Schnapphahn ist, werden Sie die Weerthsche Parodie verstehen.

So weit ich sehe, sind blaue Strümpfe zur Zeit nicht angesagt, auch nicht als *die Blaustrumpf*. Woran das wohl liegt? Weil wir jetzt die Emanzen haben?

Aber ist diese Bezeichnung nicht viel böser!

# Höhere Töchter

Ich dokumentiere die Geschichte eines Ausdrucks als Teil der Sozialgeschichte und vielleicht der Bildungsideale des vorvergangenen Jahrhunderts. Lasse die Belege sprechen. Zu Beginn aus einer Zeit, in der alles noch in Ordnung scheint:

> Charlotte hatte den Plan zur Gründung eines Erziehungsinstituts für höhere Töchter unter ihrer Leitung entworfen, den Jean Paul, der auch dabei mitwirken sollte, an Jacobi weiterleiten sollte.

Und aus der Gartenlaube 1860:

> Bewunderte ich die classische, edle, oft beinahe ideale Schönheit der höheren Töchter Englands, die unter den Tausenden des Publicums gleichsam einen förmlichen Aether sonniger, blühender Anmuth und Würde verbreiteten und jede Möglichkeit des Rohen oder nur Unanständigen fern hielten.

1882 entnehme ich der Zeitung schon:

> Keine anständige Zeitung wird sie entbehren können, in zwölf Monaten wird als ungebildet verlästert werden, wer sie nicht kennt, und in zwei Jahren plappern sie die höhern Töchtern nach.

Und 1883:

> Und weil es jetzt zur Bildung der höhern Töchter gehört, Stift und Pinsel zu führen, sei es auch nur, um Kinderköpfe aus Bilderbüchern auf Teller und Tischkarten zu malen . . .

Was nun weiter die Bildung betrifft:

> Die Frage, was eine höhere Tochter eigentlich zu lernen oder vielmehr nicht zu lernen habe, ist vom pädagogischen Standpunkte noch nicht gelöst.

Aber 1887 fiel Michael Georg Conrad schon Folgendes ein:

> . . . wenn ein Herr Künstler hinter dem Fenstervorhang sich handgreiflich von der Modellfähigkeit einer Dame für sein neuestes Venusbild überzeugen wollte, oder wenn sich eine üppige höhere Tochter in höheren Semestern in den kleineren Salon zurückzog und sich auf das Ruhebett warf, während ein Herr Piano- oder Geigen-Zauberer vor ihr auf dem Teppich kauerte und geeignete Teile ihres flott hingegossenen Leibes als Tastbrett für virtuose Fingerübungen benützte.

Conrad hat übrigens noch mehr über höhere Töchter auf Lager. Doch wir bewegen uns aus der Belletristik in die Politik und springen über die Jahrhundertwende. Nur vorher noch:

> Der Ausdruck höhere Töchter wird natürlich immer im spöttischen Sinne gebraucht.

Aus der Bürgerpflicht der Frau:

> Unsere Klassenmoral hat uns für die Not der höheren Tochter die Augen geöffnet, die keinen Mann bekommt, der sie ernähren kann, aber an der Not der Arbeiterin, die ihren natürlichen Beruf, Gattin und Mutter zu sein, erfüllt, sich trotzdem, ja oft gerade deswegen von früh bis spät in der Schwindsuchtsatmosphäre der Fabrikräume abarbeiten muss – daran gehen wir blinden Auges vorüber.

Und sogar im Reichstag:

> Ich hoffe aber, dass, wenn die Leute einmal in etwas derber Weise ihre Meinung zum Ausdruck bringen, man nicht gleich gegen sie vorgeht; denn die Sprache des Arbeiters ist eben bisweilen anders als die Sprache höherer Töchter, die etwa in einem vornehmen Töchterpensionat einen besonderen Konversationston gelernt haben.

Ja, und das soll nun alles vorbei sein. So plastisch und vergänglich die Bildungsideale?

## Backfisch

Als junges Mädchen zog es mich jährlich zum Backfischfest nach Schifferstadt. Der rösch gebackene Fisch mundete mir schon als Backfisch. Also bitte nicht alle backen! Insbesondere nicht diesen Backfisch hier. Zwar hat ihn heutzutage der Teenager oder Teenie abgelöst, aber wer mal etwas ältere Texte liest, dem begegnet er schon hin und wieder. So könnte der Leser in diesem Fontane-Textstück eine Redensart vermuten:

> Und nun erzählen Sie weiter, ich bin neugierig wie ein Backfisch. Wer war denn der unglücklich Glückliche?

Backfische waren weibliche Teenager. Sie waren vielleicht etwas zickiger als moderne Teenager. Dalberig meinte Thomas Mann mit seinem hapax legomenon, was immer er da meinte. Aber gebacken? Für wen?

Nein, nach einer Erklärung ist der erste Bestandteil niederdeutsch und das Gleiche wie englisch *back*. Die Fischer warfen die Fische, die sie nicht brauchen konnten, zurück ins Meer. Vielleicht sogar backbords.

Aber warum man junge Mädchen so wegwerfen sollte, bleibt unbeantwortet. Gottseidank wurde es auch so nicht verstanden. Doch wie man auf die Idee kam, bleibt ein Rätsel. So steht denn in manchem Wörterbuch „Lakune" oder auch „Lücke".

Aber ganz so schlimm ist die Lage nicht. Im Deutschen Wörterbuch: Der Vorderteil sei einst gekürzt genommen worden aus *baccalaurea = die akademisch Geprüfte*.

Aber warum Fisch? Und vor allem: Wie passt beides zusammen?

## rasant

Eine Frucht des ersten Weltkriegs? Und von den Franzosen geborgt? Eher früher schon übernommen! Damals vor allem vom Rasieren hergeleitet. Aber fürs Rasieren war das schon lange nicht mehr nötig. Ich meine auch nicht das Wohlrasierte. Das kam dann und war damals vor allem angesagt, damit die Gasmaske dicht blieb.

Hier geht es um Geschosse, die den Erdboden rasierten. Noch in den Dreißigern:

Die flache Flugbahn eines Geschosses ist rasant.

Flach geschossen also. So sei es dann zum Fußball gekommen. Und der weise Ratschlag, den Ball schon mal flach zu halten. Natürlich übertragen – auch fürs Poesiealbum:

In des Lebens rasantem Spiel
kommst du gewiss ans letzte Ziel.

Was kommt aber guten Deutschen nun in den Sinn, wenn sie das Wort hören und es ohne den Nasal aussprechen? *rasend* natürlich. Und davon hat es dann wirklich was abbekommen. Es hat bei uns in den letzten 30 Jahren eine rasante Karriere hingelegt. Wirkt vor allem verstärkend – hyperbolisch –, die Frage nur: Was? Wenn die Wirtschaft so rasant wächst, verändert sich die Umwelt in rasantem Tempo. Also auf und ab?

Für den französischen Gaunerfilm „Ball & Chain" wurde angeblich als Subtitel vorgeschlagen:

„Rasante Alterung und rasante Verwesung". Unglaublich?

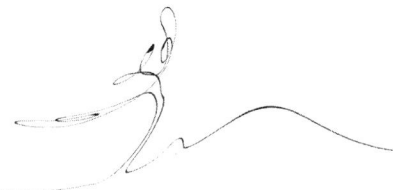

## Schlotbarone

Das bring ich gleich mal in der Mehrzahl. Es geht nämlich um eine bestimmte Zeit und eine bestimmte Anzahl. Das heißt so ganz bestimmt blieb die Anzahl nicht. Sie wurden wohl auch nicht alle geadelt. Aber adlig wurden die Krupps (angeheiratet - 😊) und die Thyssens (auch importiertes *von*). Ansonsten die Borsigs und die Haniels konnten auch auf großem Fuß leben. Zumindest gehörten sie doch zum Geldadel.

Ihren Reichtum verdanken sie der Schwerindustrie im Ruhrpott. Sie rauchten wie die Schlote – wie auf der Darstellung von Georg Grosz, die dicke Zigarre paffend. Aber eigentlich sind andere Schlote gemeint. Ein Blick auf die Zuständigkeiten:

> Krupp: Stahl und Eisen
> Thyssen: Montan- und Walzwerk
> Borsig: Maschinenbau und Dampflokomotiven
> Haniel: Dampfmaschinen und Schiffe

Als Barone lebten sie wesentlich literarisch in den 20ern. Bei Alfred Döblin 1929: „Ich arbeite doch nicht für die Schlotbarone". Und später auch bei Dürrenmatt.

Politisch bei den Konservativen und Nationalliberalen halfen die Schlotbarone ordentlich Stimmvieh an den Wahltisch zu bringen, konnte ich irgendwo lesen.

## Dampf machen

Ja, der Dampf. Mit der Technik hat er unsere Welt verändert. Da bekamen wir den Dampfer, die Dampflok und die Dampfmaschine. Mit dem Dampfschiff auch die berühmte Dampfschifffahrtsgesellschaft, Donaudampfschifffahrtsgesellschaft und hinten so weiter. Dann aber auch die Dampfheizung und sogar das Dampfbügeleisen.

Das Dampfbad könnte schon älter als die Technik sein. Wie es damals wohl hieß? Einfach Bad, aber gedampft hat es schon immer und voll gereinigt – auch von Sünden. Manche haben es sogar mit der Thermaphrodite versucht.

Sorry, ich möchte nicht zum Dampfplauderer werden.

Darum nun zu *Dampf machen*. Und lehrreich. Erst mal sollen es die anderen. Dann wir aber auch, und zwar richtig, ordentlich und mächtig und sogar Volldampf. Oder wenigstens ein bisschen? Vor allem aber müssen wir den anderen Dampf machen – sonst schlafen sie ein.

Vielleicht das Beste, was der Dampf uns beschert hat: Dampf ablassen.

Jedoch im Seelengespräch und nicht in den sozialen Medien.

## unterbelichtet

Mit dem Fotografieren kam so Schönes in die Welt. Erinnerung und Gehirn bekamen handfeste Unterstützung.
Anfangs wohl mehr eine Sache von Fotografen wurde es populär und populärer.

Beim Fotografieren musste man schon was können, sonst konnte leicht was schief gehen. Blende, Schärfe, Belichtungszeit. So ein Foto war dann schon mal verwackelt oder unscharf oder eben unterbelichtet oder überbelichtet. Was schlimmer war, ist hier nicht die Frage. Manchmal vielleicht nur ein bisschen, aber oft auch total – für alle drei.

Übrigens *photographein* war Kunstgriechisch (die alten Griechen kannten es noch nicht) und es bedeutete: mit Licht schreiben.

Von Licht und Helligkeit war der Weg nicht weit zum Kopf und dem, was drin sein sollte. Man brauchte da keinen Freud. Seit Jahrhunderten war klar, was selbst ein heller Kopf brauchte – Licht eben. Zwar werden in den Medien gewisse Themen und Aspekte angeblich unterbelichtet, meistens passiert es aber Menschen. Die meisten merken das gar nicht. Ein Segen?

Ich hab aber auch das Zitat voller Selbsterkenntnis gefunden: „Bei diesem Thema bin ich völlig unterbelichtet." Gibt uns das Hoffnung?

Übrigens, im Hintergrund dieses Textes sehen Sie ein total überbelichtetes Foto eines unterbelichteten Fotografen.

# Sprachdummheiten

Die scheint es zu geben, seit es Sprache gibt – wenigstens die deutsche. Aber so richtig ans Licht kamen sie mit der Sammlung von Gustav Wustmann so um 1910. Die war übrigens so schlau, dass man gar nicht mehr zählen kann, wie viel Auflagen sie erlebt hat. Mindestens ein Jahrhundertthema.

Wir können es hier sehen sup specie Karl Kraus: „Der Wustmann ist ein überaus gewissenhafter Grammatiker, der „Allerhand Sprachdummheiten" gesammelt hat, unter denen es ihm auch gelungen ist, seine eigenen unterzubringen." Sind Sie gespannt?

Ein großer Vorteil solcher Sammlungen ist, dass die Sprachdummheiten nie vergehen, ja dass die gleichen immer wieder gemacht werden. Zum Beispiel, dass eine deutsche Mutter ihr Kind Baby nennt. Sie sollte sich schämen. Gut, das ist extrem.

Aber auch andere sind unsterblich. So quält mich jede Nacht, heißt es: *zu Beginn jedes Jahres* oder *zu Beginn jeden Jahres*? Das schien jedenfalls im Jahr 2000 noch ein ungelöstes Problem.

Ähnlich bedrängend diese Fragen. Wie soll ich sagen?

   Derselbe oder der Gleiche?

   Speisenkarte oder Speisekarte?

   Eine Menge Leute war oder waren da?

   Ich bin gestanden oder ich habe gestanden?

Das Wunder ist, dass all diese Fragen schon lange eine Antwort haben, dass sie aber immer wieder die Geister bewegen. Warum wohl? Eben drum!

## Zeitraffer

Mit der Entwicklung des Films und des Filmens konnte man den Blick auf die Realität verbessern. Im Film konnte man zeigen, wie Wolken ziehen und sich verziehen, wie Pflanzen wachsen und verwachsen. In Langzeitaufzeichnungen macht man Schnappschüsse in größeren Abständen und spielt sie normal schnell vor. So scheint der aufgenommene Vorgang schneller abzulaufen. Es werden Abläufe sichtbar, die in Echtzeit nicht wahrnehmbar sind. Historiker kannten das Verfahren eigentlich schon immer: Verkürzung, damit Geschichte genießbar wird.

Auch auf den Sinn des Lebens konnte so ein anderes Licht geworfen werden – und so einen Lebensabschnitt wie mit einem Zeitraffer als Ganzes überblicken. Und toller noch die Vorstellung, für das Leben einen Zeitraffer anbringen und das ganze Leben, das man zu führen verurteilt ist, donnerte mit einem Male herunter. Wie Tucholsky es sich erträumte.

Und wenn man schon mal den Raffer hatte, dann war die Dehnung mit Zeitlupe öfter auch angebracht. Autobiographen nutzten die Technik schon lange: Die wichtigen Stationen des Lebens in chronologischer Abfolge, mit Zeitraffer und Zeitlupe, je nach der Wertigkeit und wie man es brauchte.

Etwas zu denken gibt aber dies: Die Literatur ist ein Zeitraffer und die Wirklichkeit eine Zeitlupe.

Für Drübersteher von ganz oben gesehen.

## Jetztzeit

Wann begann sie eigentlich, die Jetztzeit? Gab es die nicht immer schon und auch heute noch? In einem Wörterbuch findet sich schlicht „die Zeit, zu der gerade etwas geschieht". Ok, Wörterbucherklärungen will ich hier nicht kritisieren. Tatsächlich begann die Jetztzeit Mitte des 18. Jahrhunderts, und zwar in einem besonderen Zusammenhang. Die Lücken aktuell aufzufüllen, überlasse ich Ihnen:

> Wenn wir in der Jetztzeit beobachten, dass die Änderungen, welche Klima, Lebensweise, äußere Einflüsse auf die Metamorphose der Tiere ausüben, . . . so ist zu bedenken, dass . . .

So lebte sie vorwiegend in evolutionären und archäologischen Zusammenhängen. Ihren Höhepunkt erreichte sie so um 1900. Da war sie auch schon in der Wirtschaft angekommen. Wie ist das zu erklären? Mit der Jetztzeit scheint ein bestimmtes Zeitgefühl verbunden. Vielleicht ging es im Kontrast darum, die Gegenwart zu betonen und vielleicht eine Richtung in die Zukunft.

Oder etwa, was Simmel um 1900 der Jetztzeit nachsagt:

> Abflachung des Gefühlslebens gegenüber der einseitigen Stärke und Schroffheit früherer Epochen;
> Leichtigkeit intellektueller Verständigung zwischen Menschen divergentester Natur und Position;
> Tendenz zur Versöhnlichkeit, die man zuhöchst als die nach dem Heil der Seele bezeichnen kann;
> bis zu der Idee des Weltfriedens, die besonders in den liberalen Kreisen gepflegt wird.

All das entspringe als positive Folge jenem negativen Zuge der Charakterlosigkeit.

Gut, solch kühne Thesen könnten wir auch der jetzigen Jetztzeit zusprechen. Also ist doch immer Jetztzeit?

## Wolkenkratzer

Das war eine Zeit, da die Häuser in den Himmel wuchsen!
Nicht umsonst haben wir das Wort aus dem Amerikanischen
übersetzt. Und anderen hat das genauso imponiert: *gratta-
cielo, gratte-ciel, rascacielos, gratacels, gökdelen, felhőkarcoló,
etxe orratz, gedung pencakar langit, ĉielskrapanto, wolken-
krabber.* Vielleicht noch *Wolkengrapscher/in*?
Anfang des Jahrhunderts, als es noch sogenannte Wolkenkratzer waren, galten sie so manchem nicht nur als höchste,
sondern auch als höchst langweilige, nur durch die gleich-
mäßigen Fensterreihen belebte Kästen. Es gab dazu wohl
auch einen luftigen Schwank „Der Wolkenkratzer" (nicht: Der
der schwankende Wolkenkratzer, wie ich glaube ihn selbst
erlebt zu haben).
Da ist die Menschheit jetzt ein ganzes Stück weiter. Wenn
man im Moment die 10 höchsten der Welt aufeinander-
schichtete, wie hoch würde das?

    3054m ☼          4888m ☼          6279m ☼

Ist es nicht plausibel, dass Menschen immer höher hinaus-
wollen? Wollten viele nicht immer schon in den Himmel?
Und hat nicht Reinhard Mey gewusst, warum: „Über den
Wolken muss die Freiheit doch grenzenlos sein."
Apropos Freiheit. Es gibt Hinweise darauf, dass in Dubai für
die WM ein Wolkenkuckucksheim geplant war. Das sei dem
Arbeitskräftemangel zum Opfer gefallen.

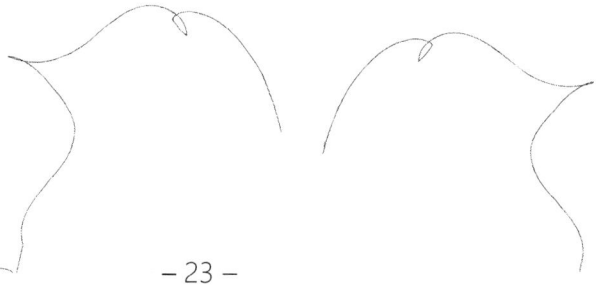

## Das Unbewusste

Das Unbewusste ist ein Jahrhundertwort, eng verbunden mit dem Namen Sigmund Freud. Mit der Tiefenpsychologie und der Psychoanalyse wandelte er das Verständnis der Psyche und damit des Menschen. Im Rahmen der Seelentätigkeiten fand er, dass es wirksame und unbemerkt verlaufende psychische Prozesse gibt: Unter dem lange bekannten Bewusstsein das Unbewusste und das Vorbewusste.

Für ihn war das Unbewusste das eigentlich real Psychische, das Bewusste lediglich eine Insel, die aus dem Meer des Unbewussten ragt. So kann es schon mal sichtbar werden, in Träumen und Versprechern, wenn etwa von einer Schwein-schwangerschaft die Rede ist oder von der Weisheit, dass wir nicht nach eurer Tanze pfeifen.

Für seine Entdeckungen erfand Freud nicht immer latinisie-rende Termini. Er formuliert in normaler Sprache, bleibt bei den Menschen – und füllt Normalwörter mit neuem Leben. So bei verdrängen, das wir immer schon konnten, jetzt aber wissen, was es ist, und endlich ein Wort dafür haben. So bei hysterisch und vielen anderen.

Was den Menschen betrifft, kam zur Trias oben die von Es, Ich und Über-Ich. Hier ist das Unbewusste situiert im Es, dem Reich angeborener Triebe und Instinkte, dem treibenden Triebpol der Persönlichkeit, Sitz der Energie. Das Über-Ich auf Basis früh internalisierter Elternautorität Sitz von eigenen Erfahrungen mit Idealen der Moral und des Gewissens. Das Ich als Instanz des Bewusstseins, abhängig vom Es und vom Überich, kann doch eigene Inhalte wie auch die der anderen psychischen Instanzen reflektieren, kann aber auch viele seiner Inhalte ins Unbewusste verdrängen.

Für Verdrängung find ich persönlich keinen Platz. Zu viel Gedrängel schon da unten.

## Trommelfeuer

Mit dem Beginn des ersten Weltkriegs kam das Wort mit Trommelfeuer zur Welt.

> Die Große Offensive mit ihrem furchtbaren Trommelfeuer aus 10.000 Geschützen hat unseren Feinden furchtbare Opfer gekostet – und nichts Wesentliches geändert.

Ja, es kam das Grausen des Trommelfeuers und der unbeschreibliche Schrecken des Krieges, wie es in einem späteren Schulbuch hieß.

Das ewige Trommelfeuer begann in den Abendstunden und ging bis morgens. Oft bis der Munitionsvorrat zu Ende ging. Angriffe aus allen Himmelsrichtungen, und begleitet von Gasangriffen. Zur Abwechslung Sperrfeuer, Gardinenfeuer – „Worte, Worte, aber sie umfassen das Grauen der Welt", fasste es Erich Maria Remarque.

Der Lärm war nicht das Eigentliche. Es hagelte Eisen, ein Eisenorkan! Es kam das eigene Eisen und das des Feindes: Franzosen, Italiener, Russen, Serben, Sibierjaken. Ständig ging es um Leib und Leben.

Und dennoch hat das Wort es alsbald in die Metaphorik geschafft, in die hohe Literatur gar. Schon in einer Zola-Übersetzung von 1926 hieß es:

> Doch mitten in diesem Unbehagen brach plötzlich der Beifall mit der Regelmäßigkeit eines Trommelfeuers los.

Ist das tröstlich? Oder die Idee Remarques für den Sticker „Ruhe sanft im Trommelfeuer".

Und heutzutage ist das Trommelfeuer abgewandert ins Mediale. Und die Artillerie nur ein Ausreißer? Dafür gibt es jetzt Ersatz.

rhetorisch
unablässig verbal
publizistisch **Trommelfell**
**Trommelfeuer**
Fernsehspot propagandistisch
medial

# Blindgänger

Im Wörterbuch können wir ganz trocken finden „abgeschossene Granate, Mine, Bombe, bei der die Zündung versagte" und da würde ich gleich mal fortsetzen „und die so rumliegt".

Gut, wir bleiben erst mal dabei. Zur andern Seite kommen wir dann auch noch.

Die Blindgängerei fing natürlich gleich mit den Granaten an. Technik funktioniert bekanntlich nie hundert Prozent. Hier erster Weltkrieg in Momentaufnahmen des Schreckens:

> Ein Blindgänger, der Gott sei Dank in der Decke steckengeblieben ist.

> Sch-pack! In unsere Linie, aber ein Blindgänger.

> Überall liegen die Haufen zusammengetragener Gasmasken und zerlöcherter Stahlhelme und mitten auf einer Anlage warnt ein Schild mit Totenkopf oder eine Granathülse „Achtung! Lebensgefahr! Blindgänger!"

> Zahllose Blindgänger von Granaten jeden Kalibers haben sich in den Waldboden eingewühlt.

Auf jeden Fall kann einem im Krieg nichts Besseres passieren als Blindgänger. Doch Vorsicht die Menschen! Dies von Ernst Toller aus dem Exil in der Autobiographie „Eine Jugend in Deutschland", die so chaotisch ist wie wohl die Zeit:

> Sie rissen ihn aus unserer Mitte, sie legten ihn, da in diesem Ehrengefängnis eine Krankenstube fehlt, in Isolierhaft, einen Blindgänger aus dem Krieg stellten sie ihm ans Bett, er solle daran klopfen, wenn er etwas wünsche.

Auch später ständige Gefahr für Zivilisten:

> Ich erinnere mich an Frau Koschack, die Nachbarin,
> deren zwei Söhne beim Spielen im Hof von einem Blind-
> gänger getötet worden waren.

Nun die andere Seite und wie solch schlimmes Zeug sprachlich produktiv werden kann:

> „Die Blindgänger" ist ein Film mit wunderbarer Musik und
> ruhigen Bildern – eine Wohltat inmitten der vielen Kinder-
> filme, in denen es gar nicht laut und schnell genug zuge-
> hen kann.

Und dann so lehrreich:

> Man will keine Blindgänger, die die Ursachen des Prob-
> lems bei anderen suchen. Wer sich selbst nicht kennt,
> kann auch andere nicht verstehen.


In der Pfalz und sonstwo noch einiges mehr: Drückeberger
im Krieg, arbeitsscheuer Mensch, blinder Passagier, impoten-
ter Mann. Das wusste diese Dame schon:

> Ich habe meinen ersten Mann nach einem Jahr verlassen,
> er war ein Blindgänger im Bett.

Und mehr?

> einer, der nichts taugt, junger Mann im heiratsfähigen
> Alter, der nicht viel verdient, ungewolltes Kind

Scherzhaft soll auch mal ein „menschlicher Kothaufen auf
dem Wege" gemeint sein.

Ja, Wörterbücher haben's in sich.

Und sprechende Wörter sind ganz schön produktiv.

## Franzmann

Kennen Sie die Abwandlung „Als der Franzmann frech geworden . . ." Oder: „Warum ist es am Rhein nicht schön . . .?"
Ja, wir sind beim ewigen Verhältnis zwischen Franzosen und
Deutschen. Nach vielen Höhepunkten (?) wie 1870 wieder
einer im ersten Weltkrieg. Ich zeig das mal im Original: „Am
25. wurden die Weihnachtsbäume geschmückt, so gut es
ging. Der Schmuck an unserem Baum bestand hauptsächlich
aus scharfen Patronen, ich glaube es war keine Deckung im
Schützengraben, wo nicht ein Tannenbaum stand, zwar klein,
aber niedlich, viele sogar außen, auch geschmückte, worauf
die Franzmänner manche Patrone verschossen haben."
Und immerhin: Der Franzmann passt gut auf und ist sonst
äußerst artig.
Später wurde es etwas humaner: „ . . . lobte ansonsten die
Franzmänner und sprach davon, wie schön Deutschland
heute sei, wie pazifistisch, wie friedlich gesonnen und wie
republikanisch von vorn bis hinten." – Ein ganzer Europäer
sprach da.
Aber vorher noch die Neuauflage: „Die Franzmänner haben
es scheinbar doch mit der Angst zu tun bekommen. Als der
Stabschef, in dessen Begleitung auch der Gauleiter und
Reichsstatthalter, eintraf, hatte er Gelegenheit, das schnell
und sicher einsetzende Vergeltungsfeuer unserer Artillerie zu
beobachten." Und klug: „Im Übrigen darfst du dich über den
Tommy und den Franzmann nicht aufregen."
Aber doch noch die Fortsetzung von oben: „ . . . weil der
Franzmann, der Drecksack, das Rheinland besetzt hat."
Jetzt aber haben wir den Franzmann nur noch als Namen.
Ein Nest in Idar-Oberstein. Wie das wohl kommt?
Hugenotten? Die gemeinsame Geschichte?

## verfranzen

Ja der Franz, der kanns. Wo aber tut er's? Franz war in der Fliegersprache ein witzelnder Ausdruck für den Kopiloten, der wohl schon mal dem Piloten Karl bei der Wegfindung half. Damals ohne Autopilot. Der Franz franzte und der Karl karlte. Wehe aber, wenn Franz verfranzte oder sich verfranzte. Dann verfranzten sich beide, sie verflogen und verirrten sich und legten ihre Eier vielleicht falsch ab, trafen nicht, was sie beaasen wollten. „Erst verfranzt und dann die Kiste zerschmissen!" Das war Abschusskönig Richthofens Fliegersprache.

Nun, in der Zeit der Autopiloten braucht es bei der Rally immer noch den Franzer, der aus dem Gebetbuch liest. Da steht also noch viel mehr drin als nur der Weg.

30 R3 → Schotter 50 R3 hängt

60 ⊞ R5-k → L4 m.a.

L3 aut, 110 ∩ ⅗! 20 L2

in L3 40 ∩!⅗ → ☺

in L3↑ 60 ⌃ → R5 lang

Offenbar nicht immer einfach. Aber das Wort war attraktiv und lebensklug. Verfranzen wurde verallgemeinert. Nicht nur die beiden, auch die Maschine, sogar trotz Radar, und später: ein Auto konnte sich verfranzen. Und wer sich verfranzte, konnte sich verzetteln. In der Zweisamkeit und auf dem gemeinsamen Lebensweg durch den Lebensdschungel.
Was lernen wir daraus?
Durch Unachtsamkeit kann sich jeder mal verfranzen.
Und das Gebetbuch ist so einfach nicht zu lesen. Gell?

## Der Burgfrieden

Dies Wort soll hier ein historisches Ereignis bezeichnen, das seinerzeit so benannt wurde. Seit alters bezeichnete das Wort *Burgfried* den Befestigungsring oder Graben um eine Burg herum und der Burgfrieden galt in diesem Rahmen.

Im Jahre 1914 kurz nach Kriegsbeginn stimmten die vaterlandslosen Gesellen, die Sozialdemokraten, in vaterländischer Gesinnung einer Kreditfinanzierung des Krieges zu. Kaiser Wilhelm II. jubelte: „Ich kenne keine Parteien mehr, kenne nur noch Deutsche". Die Zustimmung der SPD wurde verklärt zum Burgfrieden.

Aber so friedlich war der Friede nicht. Nicht alle Sozialdemokraten wollten so stillhalten wie dieser hier:

> Ich werde den Burgfrieden einhalten, solange Hannibal vor den Toren steht und das Vaterland von äußeren Feinden bedroht ist.

Andere waren da anderen Sinnes:

> Fort mit der Heuchelei des Burgfriedens, auf zum internationalen Klassenkampf, zur Befreiung des Proletariats aller Länder, gegen den Krieg!

Wie löchrig dieser Burgfriede war und wie weit gedehnt sehen wir hier:

> Der Vorwärts durfte die Entlassung der Parteifreundin Dr. Rosa Luxemburg aus der unterm Burgfrieden verbüßten einjährigen Gefängnisstrafe nicht anzeigen, was freilich nicht hinderte, dass eine große Menschenmenge ihr Sympathien darbrachte.

Offenbar waren Ring oder Graben hier nicht begrenzt worden. So wundert es nicht, dass das Wort *Burgfrieden* immer noch für etwas steht, was als brüchig und kaum eingehalten gilt, ja im Verdacht der Heuchelei steht.

## Notgeld

Klar, Notgeld ist jenes, was man einst im Sparstrumpf möglichst unter der Matratze – damit jeder es leicht finden konnte – aufbewahrte. Es gab es aber auch größer und in einem Stück.

Dies war tatsächlich gültiges deutsches Geld. Und so wertvoll! Sie können es selbst aufgestanzt lesen: 50 Mio. in einem Stück. Wäre es doch aus Gold gewesen. Und dann wär es eine wertbeständige Anschaffung? Eigentlich nicht.

Denn über Nacht wäre es schon viel mehr wert gewesen im Zusammenspiel der Kräfte des Marktes.

Die Rede ist vom Jahr 1923, die schlimme Zeit der Hyperinflation. Der Start war wohl früher: die Kriegsfinanzierung. Damals förderten Deutsche noch Kriegsanleihen für spätere, erhoffte Schatzanweisungen oder nach dem Slogan „Gold gab ich für Eisen", dem so mancher Ehering zum Opfer gefallen sein soll.

Dann vielleicht die Beschleunigung durch die Niederlage im 1. Weltkrieg und die Reparationen, die uns im Versailler Vertrag aufgebrummt wurden (und die, wie manche Historiker meinen, Hitler den Weg gebahnt haben).
Und dann 1929 war der Schwarze Freitag wirklich tiefschwarz und nicht wie heute für Schnäppchenjäger reingewaschen.

Zu jener Zeit sang Theobald Tiger (alias Kurt Tucholsky) sein „Deutsches Lied":

> Blasse Kinder auf dem Hof
> (Nebenstraße – Westen)
> machen einen kleinen Schwof
> neben Müllschuttkästen.
> Käse-Teint und bleicher Schopf.
> Dürftiges Grün im Blumentopf
> auf zwei Fensterbrettern.
> Und die Stimmchen klettern:
> „Kaserne! Kaserne!
> Sonne, Mond und Sterne!
> Achtung! Richtung! Vordermann!
> Du – bist – dran –!"

Und der Gleiche als Peter Panter zeitgemäß:

> „Ja, früher . . . !
> Das ist schon lange her – schon lange her!
> Für 'n Taler Liebe gibts schon längst nicht mehr."

## Notexamen

Die Freiwilligen werden zu Beginn des Krieges langsam rar.
Der Kriegsminister sucht, Abhilfe zu schaffen, und zwar durch
ein Notexamen.

Schüler der obersten Klassen von Gymnasium und Realgym-
nasium bestehen in wenigen Tagen ihr Notexamen und
ziehen Mann für Mann in den Krieg.

Und das hat – kaum zu glauben – angenehme Folgen:

Ein aktiver Leutnant, der sein Abiturientenexamen gemacht
hat, und wenn es auch nur ein Notexamen ist, der also ein
blutjunger Mann von vielleicht 20 Jahren ist, wird sofort zwei
Jahre vorpatentiert. Sogar welche, die schon draußen waren,
bekamen ihre Chance. Einem Einjährigen konnte für das
Notexamen Urlaub gewährt werden. Alles im Dienste einer
höheren Sache.

Na dann. Aber wie gerecht war das? Ich meine gegenüber
anderen?

„Es gab eine Menge von Persönlichkeiten im Heere draußen
mit einer gewissen Schulbildung, hervorragende Elemente,
die sehr gut zu Offizieren sich eignen würden, und diese
Herren können nicht zum Offizier gemacht werden, weil sie
nicht das sogenannte Notexamen machen können."

Aber im Sinne des Ganzen ging (und geht) doch allerhand.
Bliebe noch die eigentliche Frage:

Und welche Anforderungen wurden denn eigentlich im
Notexamen gestellt? Etwa schwer zu bestehen?

Übrigens, Ähnliches gab es in der Geschichte immer wieder.
So bleibt der Krieg wenigstens der Vater einiger Dinge.

## ausschalten

Neue Technik mit ihren neuen Ausdrücken lieferte schnell auch neue Quellen für Metaphorik. So klagte schon Wustmann in seinen Sprachdummheiten, was man nun alles ausschalten könne und damit zeigen wolle „daß man mit dem Telephon und dem elektrischen Licht Bescheid weiß." Na ja.

Gewiss spielte dabei das Inhumane eine Rolle. Aber er wusste schon damals: „Der Einfluß des Charakters kann natürlich nicht ausgeschaltet werden".

Einfach so, wie man das Licht ausknipst oder den Fernseher ausschaltet, kann man es nun tun mit Konkurrenten, Mitwissern, Nebenbuhlern und Widersachern. Ja, auch Zwischenhändler und den ganzen Zwischenhandel. Wozu das gut ist, muss man überlegen – bei der Luftabwehr und bei Scharfschützen nicht so lange.

Alles Unliebsame, alles, was missliebig war, weitestgehend ausschalten. Und dann die Frauenförderpolitik. Wer sagt denn sowas? Offenbar gelingt es auch, Hirn und Verstand auszuschalten.

Beide kann man hoffentlich auch wieder einschalten.

## Zwangsanleihe

Zwangsanleihen sind Kredite an den Staat, zu denen Personen in Notsituationen per Gesetz verpflichtet werden. Soweit die Zwangsanleihe nicht verzinst oder nicht vollständig zurückgezahlt wird, wirkt sie wie eine Vermögenssteuer. Erfunden wurde sie schon im 19. Jahrhundert. Urständ feierte sie im Jahrhundert drauf.

Im Jahr 1922 begann eine heftige Debatte über eine geplante Zwangsanleihe, um die Schulden des Ersten Weltkriegs abzubezahlen. Man wundert sich, dass die so brutal benannt werden konnte. Eine andere Zeit? In der Diskussion war auch strittig – nicht die Verzinsung – nur die Höhe des Zinsfußes. Auf jeden Fall: Zinsen sollten bezahlt werden.

Dennoch blieb die Frage grundsätzlich nach dem Für und Wider. Die sozialdemokratische Reichstagsfraktion tat sich besonders schwer, obwohl eine Zwangsanleihe eine verkappte Vermögensabgabe war. 1923 dann die Verabschiedung: Keiner konnte der Belastung ausweichen. Alle fühlten sich enteignet. Wie es mit den Zinsen aussah? Schauen Sie auf die Abbildung.

Zehn Jahre später brauchte der Staat wieder Geld. Da war die Erinnerung an das böse Wort noch lebendig. Es ward eine innere Anleihe ins Auge gefasst. Eine im anderen Sinn umstrittene Zwangsanleihe geht zurück auf das Jahr 1942. Das Dritte Reich hat sie im besetzten Griechenland erzwungen. Immer wieder brodelt die politische Frage nach einem Rückzahlungsanspruch auf.

Und die von 1982 oder 1984? – Die hießen anders. Auch eine Abgabe für Besserverdienende.

*Zwangsanleihe schon* bei Goethe? Der weise Goethe im Brief an Christiane 1813 betreffs einer etwas anderer Art: „Zwar ist es freylich hart daß man das was man so eben mühselig verdient hat gleich wieder hergeben soll, indessen muß man schon zufrieden seyn daß man es verdienen konnte."

**v. H.**    **1922**    **4/5**

# Anleihe des Deutſchen Reichs

# Schuldverſchreibung

über

Buchſtabe **G**    **1000**    №: 0578867

# Eintauſend Mark Reichswährung,

bis 31. Oktober 1925 unverzinslich,
vom 1. November 1925 bis 31. Oktober 1930 mit vier und
vom 1. November 1930 an mit fünf vom Hundert verzinslich.

Ausgefertigt auf Grund des Geſetzes über die Zwangsanleihe vom 20. Juli 1922 (Reichsgeſetzblatt S. 601).

Die Zinſen werden bei der Staatsſchulden-Tilgungskaſſe in Berlin und außerdem bei den vom Reichsminiſter der Finanzen bezeichneten Stellen halbjährlich am

**1. Mai und 1. November**

an den Überbringer der fälligen Zinsſcheine gezahlt. Die Zinsſcheine ſind ungültig, wenn eine Ecke abgeſchnitten iſt. Der Anſpruch auf die Zinſen erliſcht, wenn der Zinsſchein nicht binnen vier Jahren nach Ablauf des Jahres, in dem er fällig wird, zur Einlöſung vorgelegt wird. Nach Ablauf einer Zinsſcheinreihe wird zu der Schuldverſchreibung eine neue Reihe mit Erneuerungsſchein für die folgende ausgegeben.

Die Anleihe wird gemäß § 5 des Geſetzes über die Zwangsanleihe vom 20. Juli 1922 (Reichsgeſetzblatt S. 601) vom 1. November 1925 an jährlich mit mindeſtens ein halb vom Hundert ihres urſprünglichen Nennbetrags unter Hinzurechnung der durch die Tilgung erſparten Zinſen getilgt. Die Tilgung wird in der Weiſe bewirkt, daß eine entſprechende Anzahl von Schuldverſchreibungen zum Tageskurſe angekauft oder zwecks Rückzahlung zum Nennwert ausgeloſt und öffentlich aufgerufen wird. Den Inhabern der Schuldverſchreibungen ſteht ein Kündigungsrecht nicht zu.

Berlin, den 1. Auguſt 1922.

## Reichsſchuldenverwaltung

Buchſtabe **G**

№: 0 578 867

Beigefügt ſind die Zinsſcheine Reihe I
Nr. 1 bis 10 mit Erneuerungsſchein.

Ausgefertigt

## Dolchstoßlegende

*Es ereignete sich im Westen: Mit Beginn des Winters musste Deutschland dem Waffenstillstand zustimmen. Das kam einer schmählich entwürdigenden Niederlage gleich. Wir erlitten sie nicht im Felde, nicht in den Schützengräben. Der heldenhafte deutsche Soldat blieb unbesiegt. Höhere Kräfte sind den tapferen Soldaten in den Rücken gefallen. Haben sie von hinten erdolcht.*

*Nationalsozialistische Deutsche Arbeiterpartei*

Der Text ist natürlich so nicht belegt. Aber er skizziert das, was unser Lemma benennt. Die Dolchstoßlegende entstand nicht durch die, für die sie gedacht war und die daran glaubten. Also nicht durch die Legendäre, sondern durch diejenigen, die nicht daran glaubten: Sie entlarvten. Mit Legende haben wir ein gespaltenes bis zwiespältiges Wort vor uns. Einerseits für die Erzählung für die Gläubigen, andererseits für die Ungläubigen das, was nur die andern glauben.

Tucholsky sprach in den 20ern von den deutschnationalen Geschichtsumschreibern. Auch Hindenburg soll dabei gewesen sein.

1926 stellte der demokratische Abgeordnete Rönneburg im Parlament mit Befriedigung fest, dass die Dolchstoßlegende zum alten Eisen geworfen sei.

Solange bewegte das die Gemüter?

Nein, noch viel länger. Da muss man nur auf die Unterzeichner schauen. Und schließlich gab es ja einen zweiten verlorenen Krieg und da hätte etwa ein gelungenes Attentat auf Hitler eine neue gefüttert, meinte ein Historiker. Die große Figur war ja da.

Für den Weihrauch der Geschichte?

## Vatermörder

Klingt bös und scheint hier in der rechten Gesellschaft:
*Räuber, Einbrecher, Entführer, Banditen, Diebe, Tempelschän-*
*der, Frauenschänder, Kuppler, Hurer, Ehebrecher, Verräter,*
*Staatskassenräuber, Viehdiebe, Spieler, Lästerer, Giftmischer,*
*Vatermörder, Mordbrenner.*
Und so wird natürlich ganz verständlich und Sie werden es
bald auch etwas anders verstehen:

Gott halte uns den Vatermörder vom Halse!
Was aber hat es hiermit auf sich aus den Zwanziger Jahren?

Die Männer, die das Tempelchen bauten, trugen Vatermörder, und sie schauten durch die Säulen auf den
bayerischen Himmel, als wäre er der Himmel Athens.
Oder das hier:

Der Herr Bürgermeister, steif wie seine überlebensgroßen
Vatermörder, ehrte das Direktionspaar, das ihn sterbend
in Devotion flankierte, durch herablassendes Schmunzeln.
Rätselhaft auch dies:

Klein und mager, mit ziegelrotem Gesicht und schneewei-
ßen Haaren, der Kopf eingefaßt von zwei weit herausste-
henden Vatermördern, erschien er ebenso abstrakt wie
diese.

Ein starker Mann mit wohlgetragenem Schmerbauch,
graulichem Bürstenhaar und einer Maurerfraise, die sich
in den Vatermördern halb verbarg.
Ganghofer erklärt uns da schon etwas:

Ich trug damals den Münchener Künstlerkragen, der bis
über den Adamsapfel herunter ausgeschnitten war und
nach zwei Seiten abstand wie ein gestärkter Vatermörder.
Eine Mode der Zwanziger. Aber schon viel älter. Und so
schlimm dann auch wieder nicht.

# Im Westen nichts Neues

Zehn Jahre nach dem Weltkrieg erschien der Kriegsroman „Im Westen nichts Neues" von Erich Maria Remarque. Er wurde ein Bestseller, ein Klassiker, und gewiss oft dokumentarisch gelesen, war aber fiction. Oder eher faction? Schlaue Interpreten meinten auch, es gehe dem Autor um eine Art Selbstanalyse. Und was die Romanfiguren betrifft, so hatte die Realfiktion auch Folgen für die Figuren, die vorkamen, welche, die sich zu erkennen glaubten, sich aber doch ein bisschen anders vorkamen.

Sollten Sie die Wertung eines Papstes brauchen, hier Marcel Reich-Ranicki: „Im Westen nichts Neues ist ein in seiner Art vollendetes Buch: klar und einfach, dramatisch und anschaulich, rührend und erschütternd." Allerdings hat Marcel ziemlich Zeit gebraucht, um das zu erkennen.

Der Titel des Buchs kann als Art Meldung von der Front verstanden werden. Sie würde zu dem jahrelangen Stellungskrieg passen, in dem nichts vorwärts und nichts rückwärts ging. Und so vielleicht für Kriege generell.

Im Vokabular spielen Körperteile ihre Rolle, Kriegsgerät und viel mit *Front-*: *Frontkoller*, auch *Fronttheater*, *Frontoffiziere* und *Frontschweine*, eben die Erfahrenen und Altgedienten. Mit typischen Textschnippseln – empirisch aus dem Text gewonnen – können wir uns einen Plot zusammenreimen:

Gas_und_all_dem
ist_nichts_zu_machen
von_Trichter_zu_Trichter

Am_liebsten_möchte_er
aber_ich_kann_nicht
Es_hat_uns
es_hört_nicht_auf.

Ruf_Achtung_!_Draht!
auf_den_Rücken_und
Ich_beuge_mich_über
ich_lege_meine_Hand
Bist_du_verwundet_Nein

## Ahnenerbe

Ja, das mit dem Erben ist so eine Sache. Es sichert die Position über Generationen – und wie weit es der sozialen Gerechtigkeit im Sinne von Fairness entspricht, ist eine spannende Frage. Sie merken schon: Ich hab nichts geerbt. Und dann noch von den Ahnen und Urahnen, das sichert soziale Strukturen.

Hier aber geht es um was ganz andres. Von großen SS/SA-Bonzen wurde 1935 die private Forschungsgemeinschaft „Deutsches [natürlich] Ahnenerbe" gegründet. Ihr Vorläufer war da noch etwas weiter: „Forschungsinstitut für Urgeistgeschichte". Wohlgemerkt *Geist*, nicht *Geistes*, natürlich wegen der Urgeister, die damals manch einem erschienen sind. Das Ahnenerbe wird alsbald amtlich, dem SS-Führer Himmler persönlich unterstellt. Amtschef wird der Sprachwissenschaftler W. Wüst – est nomen omen? Kurze Zeit danach sei schon das Wörterbuch des Indoeuropäischen fertig, aber nur drei Artikel „des umfassenden Läuterungswerks" wurden je gezeigt. Die Aufgabe, die arische (damals noch ein halblinguistischer Terminus, mit dem man punkten konnte) Sprachwissenschaft zu fördern blieb. Und wurde furchtbar, sorry fruchtbar. Der Sprachverrat als Form des Hochverrats wurde entdeckt. Die Zuständigkeit für Umsiedlung wurde reklamiert und später auch exekutiert.

Mit der Umvolkung der Südtiroler auf die Krim, aber auch mit wissenschaftlichen Vorträgen bei der Umerziehung norwegischer Verschleppter, eben destruktiver Elemente, die grade noch für Schanzarbeiten taugten.

Ja, und dann war da noch die streng wissenschaftliche Aufgabe, in eroberten Gebieten wertvolles Kulturgut auszusortieren für die Fahrt heim ins Reich. Manche arbeiteten auch interdisziplinär bei Versuchen mit Kälteschocks und in Unterdruckkammern mit – natürlich in der rechten Rolle.

# arisieren

Wussten Sie schon, was einst Arier waren? Wirklich einst!
Es waren lange Zeit indogermanische Einwanderer in Persien,
die sich selbst als solche, als „Edle" bezeichneten.
Ja, aber Indogermanen waren natürlich kein Volk. Es war
sozusagen eine linguistische Erfindung: Man hatte in akribischer Forschung herausgefunden, dass die Sprachen von
Indien bis ganz in den europäischen Westen urverwandt
sind, eine Sprachfamilie bildeten. Und daher die Benennung,
gar verbunden mit der Idee einer Art Ursprache.
Schon im 19. Jahrhundert wurde *arisch* in Rassentheorien
integriert, die alsbald vor allem Juden diskriminierten und für
deren Verfolgung instrumentalisiert wurden. Eine eher
unrühmliche Rolle spielte dabei Richard Wagner. Aber es
gab genügend andere, die das hohe Lied der Arier sangen.
Die Nazis mussten Arier nicht erfinden, sie mussten sich nur
bedienen.
Aus einer eher allgemeinen Bedeutung für *arisieren* „den
Besonderheiten der Arier anpassen, arisch machen" machten
sie „judenfrei machen", verbanden es einträglich mit
„jüdischen Besitz an sich reißen" und vermieden das sanftere
[?] „enteignen"? Und alles im Namen des deutschen Volkes.
Das lohnte sich besonders bei der Bank des Barons von
Rothschild und vielen anderen.
Manche, die keinen Ariernachweis hatten oder beibringen
konnten, konnten sich sozusagen auch selbst arisieren wie
Wittgensteins Schwester Margarethe, die sich eine entspre-
chende Bescheinigung kaufte. Auch das kostete viel Geld.
Margarethe zog es dann später doch vor zu emigrieren.
Das Verb ist jetzt im deutschen Wortschatz eher nicht aktiv –
kann man sagen.

## entartet

Es scheint Wörter zu geben, die man nur noch in Anführungszeichen verwenden kann. Dazu dürfte unser Lemma gehören. Das Wort hat – wie viele – eine lange Geschichte. Im alten Adelung des 18. Jahrhunderts kommt es schon in der höhern Schreibart: „aus der Art schlagen". Er führte das Lustspiel „Die entartete Schöne" von Justus Friedrich Wilhelm Zachariae an. Daraus ein Zitat zur Einstimmung:

> Und am Nachttisch nicht nur empfängt die entartete Schöne den wildliebenden Jüngling; von Frankreichs Sitten verdorben

Und so weiter. Herder aufklärerisch:

> Mit eben dem Recht, mit dem wir den Neger für einen verfluchten Sohn des Chams und für ein Ebenbild des Unholds halten, kann er seine grausamen Räuber für Albinos und weiße Satane erklären, die nur aus Schwachheit der Natur so entartet sind, wie, dem Nordpol nahe, mehrere Tiere in Weiß ausarten.

So 1938 bekam das Partizip eine feste Partnerschaft mit *Kunst*. Zwar schon um 1800, aber besiegelt mit der Ausstellung entarteter Kunst in München im Jahre 1937, eine Ausstellung, die dann durch das ganze Reich gezogen wurde. Ab 1946 nur noch in Anführungszeichen:

> Im Dritten Reich ausgestellt als „entartete Kunst".

In der langen Liste der Entarteten: Käthe Kollwitz, Marc Chagall, Pablo Picasso und und und. Es war fast diskriminierend, wenn man nicht dazu gehörte. Manches hatten sich Nazibonzen selbst unter den Nagel gerissen. Göring soll ein Freak gewesen sein. Abartig! Oder selbst entartet?

Die Anführungszeichen dienen nicht nur der Zitation. Mit ihnen will man sich distanzieren, verurteilt das Wort oder besser: Was damit angestellt wurde. Es hängt noch immer Schlimmes dran, sogar, wenn Sie es isoliert verwenden.

## Mischehe

Das Wort klingt recht unschuldig. Aber was wird da gemischt in einer solchen Ehe? Es handelt sich eher um ein böses Wort mit mehreren Vergangenheiten. Gemischt sind Ehen ja irgendwie immer. Bis vor Kurzem noch Mann und Frau – eine gewagte Mischung? Es kommt drauf an, wie und welche Folgen es hat.

Rassistisch war der Gesichtspunkt in der Nazizeit. In den Rassegesetzen von 1935 wurden Eheschließungen zwischen Ariern und Nichtariern verboten. Existierende Ehen dieser Art wurden als Mischehen deklariert und akribisch in Untertypen eingeteilt und zu verschiedensten Diskriminierungen genutzt. Ganz neu war das Wort damals nicht.

Die katholische Kirche konnte ein – weniger brisantes? – Vorbild bieten: Katholisch und evangelisch gemischt – in einem Bett. Darum wurden Mischehen nicht als Sakrament anerkannt. So kam es auch zu Schwierigkeiten beim kirchlichen Begräbnis, was Betroffenen vielleicht egal sein konnte. Und auch für die Preußische Landeskirche fiel die Missehe, sorry Mischehe unter Kirchenzucht.

Dass solche Mischehen existierten, konnte aber auch Hoffnung geben. Amor vincit omnia!

Am Ende taugt das Wort auch noch für Ehen zwischen Flüchtlingen oder Migranten und Einheimischen. Wir sehen: Auf die Mischung kommt es an. Oder nicht?

Aber jetzt sind wir doch sowieso schon bei der „Ehe für alle". Und so verliert die Mischehe nach Spitzenwerten um 1940 immer mehr an Bedeutung. Wenn man schaut, wie häufig Wörter gebraucht werden, sieht man, dass man sie braucht – und was die Welt bewegt.

## schneidig

Der gute alte Wustmann führte das Adjektiv so 1911 unter
Modewörtern, die man besser meiden möge. Es bezeichne
eine eigentümliche Verbindung von „äußerlicher Schniepelei
und innerlicher Roheit, von Fatzkentum und Landsknechts-
wesen" und ein Teil der jungen Männerwelt gefalle sich
darin. Wir würden vielleicht eher sagen, das Militaristische,
wie es sich bis heute erhalten hat.

> Der Chef der Zensurabteilung hielt die Festrede, kurz und
> schneidig.

Und wohl damals auch:

> Und kann doch meine Freude an dem Jungen haben,
> schneidig, forsch, ganz an seinem Platze, sagte der Baron
> Ropp.

Im Umfeld damals auch *zackig*:

> Herr General! Es geht ein Ruck durch die Wartenden, sich
> zackig zu erheben und stramme Haltung einzunehmen.

Das machte aber Karriere:

> . . . verschieden uniformierte, singende Marschkolonnen
> auf den Straßen, Fahnen und Leute, die den rechten Arm
> zackig mit „Heil Hitler!" zum Gruß erhoben.

Mit Nachklängen bis heute:

> Justus ließ seinen Quadratschädel zackig nach vorne
> knicken, straffte unwillkürlich die Arme, die Hände such-
> ten die Hosennaht.

Wenngleich ich kein Freund von Wustmann bin, muss sich
seinem ahnenden Sprachgefühl doch Hochachtung zollen.
Die Frequenz der Verwendungen beider Adjektive zeigt auch
die gute Vorbereitung der militaristischen Denke im Jahrhundert vorher.

## Untermensch

Diese Spezies ist nicht seit ewig bekannt. Anders als ihr Gegenpart: der Übermensch. Den wollten gemeine Menschen seit eh und je. Vor allem das Übermenschliche – auf dem evolutionären Weg zum Göttlichen. Menschen mit der Macht Gottes.

In diesem Sinne auch bei Nietzsche ist es die Aufgabe des Menschen, einen Typus hervorzubringen, der höher entwickelt ist als er selbst. Schon leicht paradox.

Beim amerikanischen Superman, auch ein Außerirdischer, ist das gelungen. Allerdings nur fiction. So haben denn auch die, die sich als solche fühlten, eher den Gegenpart hervorgebracht: den Untermenschen. In einer verbrämten Evolutionslehre wurde der Untermensch angesiedelt zwischen dem nordischen, eigentlichen Menschen und den Tieren. Anfänglich konnte man noch Mitleid mit Untermenschen haben, zumindest versuchen, es zu bekommen.

> Wir waren und werden immer mehr eine Art Untermenschen; zwar persönlich frei, aber dennoch halb versklavt und künstlich auf der niedrigsten Kulturstufe gehalten.

Aber Hitler sagte dann von sich, dass er schon als unbekannter Gefreiter sich entschlossen habe, dafür zu sorgen, dass der bolschewistische Untermensch nie wieder sein Haupt erheben werde.

Im Völkischen Beobachter waren es dann anfänglich auch die roten Untermenschen. Das Rassenhygiene-Institut sortierte dann später wissenschaftlich die diversen Arten von Untermenschen als da sind jüdische, slawische, Farbige, pervertierte, bolschewistische, Zigeuner, auch Behinderte, überhaupt alle Entarteten.

Dann ging es richtig zur Sache. Mit Befehlen wurden die Soldaten zur erbarmungslosen Ausrottung artfremder Heimtücke und zur Vernichtung des jüdisch-bolschewistischen Systems aufgefordert. Und mitfühlend, sie müssten Verständnis für die harte, aber gerechte Sühne an den jüdischen Untermenschen haben. Für die Verhütung einer bolschewistisch-jüdischen Revolution von Untermenschen mussten eben Opfer gebracht werden.

Für die Herrenmenschen blieb das Wichtigste, „dass wir durch tadellose Ordnung und Disziplin der SS beweisen, dass wir keine Untermenschen sind."

So kann uns die Sprache den Weg weisen für die verschiedenen Spezies bis hin zum Unmenschen.

PS: Sorry! Dieser Artikel ist natürlich wieder mal viel zu kurz.

## Intellektuelle

Im Übergang zum Jahrhundert kam das Wort *Intellektuelle* als Personenbezeichnung über das französische *les intellectuels* zu uns. So nannten sich die Verteidiger des jüdischen Hauptmanns Dreyfus, der wegen Spionage für die Deutschen verurteilt ward. Somit schwingt noch immer etwas mit von dem, wie sich jene Verteidiger verstanden und wofür sie standen: für Wahrheit und Gerechtigkeit, für das Gewissen als moralische Instanz und natürlich die Freiheit des Geistes.

Im freien Denken kann man sich lösen vom Wirklichen und sich konzentrieren auf das Mögliche. Zum Wirklichkeitssinn gesellt sich der Möglichkeitssinn und wirft sein Licht auf das Wirkliche. Intellektuelle nehmen so prinzipiell eine kritische Haltung ein, gelten als streitbar und oppositionell – und sind damit dem Totalitären ein Dorn im Auge.
Die Nazis diskriminierten sie, ja machten sie: instinktlos, blutleer, krank, wurzellos, zersetzend und natürlich jüdisch. Vielleicht ist die abnehmende Frequenz des Wortes seit 1990 eine Folge der Nazidiskriminierung. Oder? Ist doch noch etwas hängen geblieben wie hartnäckig, freischwebend oder links – wenn auch gehedgt?
Und wären wir gar zurückgekehrt zu August Bebel? Der empfahl 1903 bei Beitrittswilligen zu schauen, „wenn es ein Akademiker ist oder ein Intellektueller, dann seht ihn euch doppelt und dreifach an."
Die Furcht vor der subversiven Kraft Intellektueller thematisierte schon Karl Kraus in der „Fackel" 1909. Er sprach von der „Rancune gegen die Intellektuellen, welche das überflüssigste Ding in die Welt bringen wollen, das es gibt: den Geist."

## fanatisch

Das Wort kommt nicht einfach von *Fan*, wenn schon eher umgekehrt, allerdings auf anderem Weg, wie die Aussprache belegt. Ein Fanatiker war ein besessener Glaubensschwärmer. Das Wort wurde und wird streng kritisch verstanden. Es wird aber oft auch als Beispiel dafür verwendet, wie durch öffentliche Propaganda und ideologische Manipulation der Sprachgebrauch sich ändern kann. Die Beobachter und Therapeuten der Sprache des Dritten Reiches – wie sie genannt wurde – zeigten, wie so ein Wort langsam ins Positive getrieben wurde. Einen Übergang kann man schon sehen in Hitlers „Mein Kampf", wenn er von sich selbst und wohl kaum streng kritisch sagt: „In kurzer Zeit war ich zum fanatischen 'Deutschnationalen' geworden" und „Ich war vom schwächlichen Weltbürger zum fanatischen Antisemiten geworden."

Heutzutage gälte er als Fanatiker eher als besessen, engstirnig, verrückt, hasserfüllt, intolerant.

Aufgrund seiner Karriere in der Nazizeit kam das Wort auch in das „Wörterbuch des Unmenschen". Da wurden Wörter behandelt, die durch die Nazis sozusagen verderbt waren und die nach dem Willen der Herausgeber vorerst nicht benutzt werden sollten.

Das aber wäre in unserem Sinn auch nicht nötig gewesen. Es ging nicht um das Wort, sondern um das Urteil dahinter. Fanatismus wurde stilisiert zu einem Gemisch aus Tapferkeit und leidenschaftlicher Hingabe an die Nazi-Ideologie. In anderen Zusammenhängen konnte Fanatismus auch damals durchaus negativ sein, etwa wenn von fanatisierten russischen Horden die Rede war.

Gottseidank ist das Wort jetzt eher entnazifiziert, hat seinen alten Sinn wieder, wenn von fanatischen Fans oder Verfolgern, auch von fanatischen Reden die Rede ist.

## Propaganda

Sie ist eigentlich zeitlos, die Propaganda. Und darum ein Chamäleon. Die Missionierung – de fide propaganda – hatte schon ihre Probleme, sogar handgreifliche. Sie war jedenfalls positiv – gedacht. War sie das nicht immer? Auch als sie allgemeiner für Werbung wurde. Hier taucht sie auf aus der Nazizeit. Auch da war sie positiv gedacht. Und sie sollte volkstümlich werden. Für was und für wen?

Sie war laut damaligem Duden „politisches Führungsmittel" und kam zu ihrem Recht mit der Gründung des „Ministeriums für Propaganda und Volksaufklärung". Joseph Goebbels war der Oberleiter. Hitler hatte in „Mein Kampf" schon vorgedacht:

> Die Propaganda musste der Organisation weit voraneilen und dieser erst das zu bearbeitende Menschenmaterial gewinnen.

Wenn der Gegner sowas machte, war es offiziell Hetze, Greuelhetze gar.

Wer die Nazi-Propaganda-Hetze im Kopf hat, für die sind dann Wort und Sache neu eingefärbt auf der negativen Seite erschienen. Propaganda wird staatlich organisierte Fehlinformation oder Desinformation, die an viele Erreichbare gerichtet ist.

Und darum bekommen wir heutzutage bei uns Aufklärung statt Propaganda, nicht „und". Das reicht bis zum ominösen Faktencheck der Leitung, wenn in „Hart aber fair" Gäste was behaupten. Putin kommt man so nicht bei.

Die Tage wurde in einer Sendung über den Sturm aufs Capitol einer vorgeführt, der sagte: „Gott hat mich geleitet". Wer führt den da vor? Und warum? Natürlich, um abzuschrecken. Keine Propaganda? Für wen? Für den?

Irgendwas müssen auch die Skeptischsten glauben? Ja. Aber nicht an irgendwas – außer an die Wahrheit.

## Kohlenklau

Die Aktion „Kampf dem Kohlenklau" begann im eiskalten Winter 1942. Der Kohlenklau ist die Karikatur eines Kohlendiebes. Mit der Aktion soll für Energieeinsparung zugunsten der Kriegsindustrie geworben werden.

Es gab ein Quartettspiel und das Brettspiel „Jagd auf Kohlenklau". Auf den dunklen Feldern spart man Energie, auf den roten Feldern sind der Kohlenklau und Beispiele für Energieverschwendung abgebildet. Wer auf das Feld #27 kommt, ruft laut „Kohlenklau!"

Das ist doch sehr witzig und motivierend.

Im extrem kalten Nachkriegswinter 1946/47 rechtfertigte der populäre Kölner Kardinal Frings in seiner Silvesterpredigt den Kohlenklau als Mundraub. Das wurde wohlgenutzt und fortan *fringsen* genannt. Gefringst wurde aber noch mehr, zum Beispiel Kartoffeln.

Als echter Gegner Kohlenklaus
macht man jetzt alle Lichter aus,
die man nicht braucht in seinem Haus.

Auch für die Energiekrise tauglich.

*Da ist er wieder!*

Sein Magen knurrt, sein Sack ist leer,
und gierig schnüffelt er umher.

## Sonderbehandlung

**Minsk, den 20. Juli 1943 Aktenvermerk
Heute habe ich befehlsgemäß gegen 7.00 Uhr die
beim Generalkommissar beschäftigten 70 Juden in
Haft genommen und der Sonderbehandlung zuge-
führt.**

Dieses Wort darf hier natürlich nicht fehlen. Es ist erst einmal eines der bürokratischen Horrorwörter. Ja, es ging einfach um einen bürokratischen Akt. Wie so vieles in der Nazizeit. Und so wie Hannah Arendt es auf den Punkt mit Eichmann gebracht hat: Die Banalität des Bösen. Nur so war es erträglich für die, die damit befasst waren.

Es gibt einen zweiten Grund, warum das Wort hier nicht fehlen darf. Ich denke, wenn man es heutzutage verwendet im unschuldigen Sinne von „besondere Behandlung", meist „jemanden bevorzugend", sollte man noch jenen Sinn anklingen lassen oder irgendwie zeigen, dass man Bescheid weiß. Sicherlich hat es nicht die Bedeutung, die ich in einem Wörterbuch finde: „Ermordung und Tötung von Gegnern des nationalsozialistischen Regimes". Das geben die Sprachkorpora nicht her, vor allem weil das Wort in diesem Sinn zu dieser Zeit auch nicht öffentlich virulent war. Dennoch können wir einiges finden, wo von ausmerzen, von rücksichtslosigstem Vorgehen, von Sonderbehandlung durch den Strang die Rede ist. Und auch von Sonderzügen für die Transporte ins KZ.

Dieser Art Wörterbuchaufklärung hilft ebenso wenig wie, das Wort sei ein Tarnwort oder Euphemismus. Genau das war es nicht. Im Sinn von Arendt muss man verstehen, dass es ein bürokratisches Normalwort war, bei dem die Beteiligten wussten, worum es ging. Wir müssen die Ungeheuerlichkeit verstehen, dass willkürliche Massentötung ein bürokratischer Akt war. Wenn wir das Wort einfach im zweiten Sinn hier verstehen, verstehen wir überhaupt nichts.

# KZ

Über so ein Wort zu schreiben, fällt mir schwer. Sie kennen Kürzel wie Langform. Also nur zur Auffrischung. Hier sehen Sie das jeweilige Umfeld als Schlüsselwörter für einen mentalen Plot. Erstaunlich, dass es unterschiedlich ist.

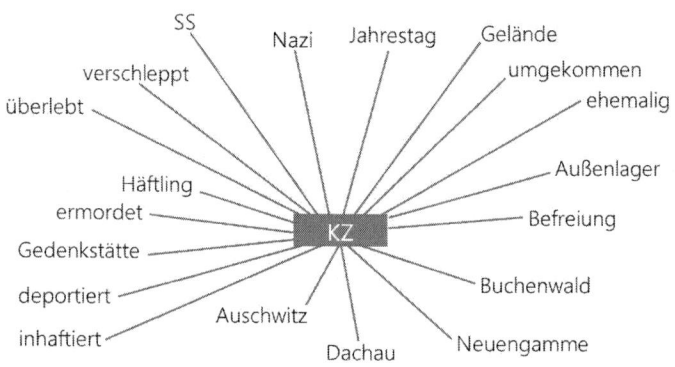

## Bombenteppich

Hier geht es um etwas, wovon ich nur von unten etwas mitbekommen – manchmal auch etwas abbekommen – habe. Ich meine, des Abends das dumpfe Bombergrollen, das ich vor der Haustür vernahm und dazu die leuchtenden Flakfinger, die sie greifen wollten – eben jene englischen Bomber, die für mich nicht nur das dumpfe Grollen von sich gaben, sondern später oft auch ein fernes Gewitter.

Das war wohl dann eher über Leipzig.

Es waren Bombenteppiche.

Heute weiß ich, dass die Engländer diese Art des Bombens nicht als erste praktiziert haben. Im Weltkrieg jedenfalls waren die Deutschen früher. Mit einem Bombenteppich werden nicht singuläre Ziele zerstört, sondern ganze Gebiete belegt. Die Strategen sind im Grunde draufgekommen, seit sie Flugzeuge hatten. Ihnen ging es nicht nur um große strategisch wichtige Industrieanlagen.

Nein, es ging auch darum, die Zivilbevölkerung zu terrorisieren und so ihren Kampfeswillen zu brechen. Ich will hier nicht statistisch werden: Über die Anzahl der Opfer kann man sich leicht informieren. Ein kleiner Hinweis noch: Auf dem Papier hatte der italienische General Giulio Douhet schon 1921 prognostiziert oder empfohlen (?): „Le guerre saranno brutali e i civili saranno presi di mira." Da sollten wir übers Erstlingsrecht nicht streiten.

Schade, dass hier unten etwas mit der Übersetzung schiefgelaufen ist. Doch mit den explosiven Stichwörtern bestückt:

> Als ein Verfahren zur Einschüchterung und den Willen der zivilen zur Unterdrückung Bevölkerung von Deutschland mit Teppich Bombardierung der britischen Royal Air Force Widerstand zu leisten. (http://de.nextews.com/a8ad0ae3/)

Wenn Sie hiervon noch nicht genug hätten, könnten Sie sich bei Apple die App „carpet bombing" runterladen.

# PAK FLAK STUKA

Welches ist das Älteste? Mit Krieg haben alle zu tun. Aber was kürzt denn welches ab? Welches eher defensiv gedacht? Welches eher offensiv? Gedacht!
Betätigen Sie sich als akribischer Leser und Rätsellöser.

Flak und Pak und Lkw und Pkw und Krafträder und Selbstfahrlafetten, Befehls-Omnibusse, Sanitätswagen, Werfer, Funkstellen, Haubitzen, Zugmaschinen.

Ich habe jetzt eine schwere Pak übernommen und mir acht Mann, darunter vier Russen, organisiert.

In den Strudel des Krieges hineinfühlen, wenn die Stalinorgel trommelt und die Pak ballert.

Vierzig Männer, schnaufend auf den Hügel, die Paks weggeworfen und die Gewehre in der Hand nach Westen starrend.

Wo wir bei Arras standen nach achtzehn, Feldartillerie oder Infanterie, Flak oder Funker oder Schipper oder was du willst.

Solch ein Frontflug bei Nacht war ein wunderschönes Feuerwerk, an dem sich Freund und Feind mit Scheinwerfern, Flak, Leuchtspur-Vollgranaten und ähnlichen Scherzen beteiligten.

Die schwere Flak dient der Abwehr.

An Angriffslust, Einsatz und Mut wird es uns bestimmt nicht fehlen, das beweisen die vielen Taten der deutschen Stukas.
Stukas erscheinen am Himmel, stürzen mit brüllenden Motoren nieder und bringen Tod und Verderben.

Wir beherrschen die Nordsee, unsere Stukas sind unbesiegbar.

Die Jungens fallen spielend als Stukas von kleinen Mauern und Bäumen herunter.

Bestimmt wissen Sie nun, was was ist. Und noch etwas mehr?

# Die Wehrmacht

In der Sprachentwicklung ist der Wandel vom Eigennamen zum Allgemeinwort wohl bekannt. Hier haben wir es eher mit dem Umgekehrten zu tun. Mit dem Artikel *die* wird eine Art Individualisierung auf eine bestimmte geleistet, eben die des dritten Reiches. Nachdem der Versailler Vertrag eine Reichswehr zugelassen hatte, kam sie als Wehrmacht 1919 in die Weimarer Verfassung. 1946 wurde sie natürlich aufgelöst. Und im Zuge der Wiederbewaffnung setzte man sich explizit von ihr ab und gründete die Bundeswehr mit dem „Bürger in Uniform" statt einfach dem Soldaten.

Die Wehrmacht bietet aber weiter ein Lehrstück für Geschichtsdeuteleien und das öffentliche Spiel damit. Ich denke jedem Denkenden sollte klar gewesen sein, dass die Wehrmacht als organisierte Organisation am Kriegsgeschehen beteiligt war. Sie zu einem Hort des Anstands, der Ehrenhaftigkeit und Ritterlichkeit zu stilisieren, war wohl doch historisch etwas gewagt. Inwieweit die Ehre des deutschen Soldaten doch angekränkelt oder in Mitleidenschaft gezogen ward, dürfte schwer zu bestimmen sein, weil es den so generell nicht gibt. Die Frage dürfte wohl nur individuell und für einzelne Taten zu diskutieren sein, insbesondere für Befehlsgeber. Wie weit Einzelne schuldig wurden oder missbraucht wurden, bliebe zu zeigen. So, wenn denn die einen einen Mythos der sauberen Wehrmacht aufbauen, haben eben andere die Chance, ihn als Mythos zu entlarven. Dies geschah 1995 mit der sog. Wehrmachtsausstellung, genauer „Vernichtungskrieg. Verbrechen der Wehrmacht 1941 bis 1944".

Das mögen wir als valide historische Dokumentation nehmen. Aber mit Mythen müssen wir auch leben – sie nur als solche verstehen.

## Stunde Null

Die Stunde Null sei ein Mythos für das, was prosaisch Ende des Krieges oder Niederlage der Deutschen, Zusammenbruch oder schlicht Katastrophe zu heißen habe. Die emblematische Bezeichnung suggeriere, es handle sich um einen tiefen Einschnitt und einen totalen Neubeginn. In einem gewissen Sinn war das wohl so gedacht. Aber nicht im Sinne eines Faktums, wie Kritiker immer wieder unterstellten. Und nach hinten schauend sehen wollten, dass sich gar nicht alles geändert hat. Und dann in ihrer Unterstellung überlegen feststellen, dass es die Stunde Null nicht gab.

Geschichte ist Kontinuum. Man spricht zwar von Einschnitten, auch von tiefen. Aber, dass da alles anders würde, glaubt ja wohl keine. So scheint mir auch plausibel, dass es sich bei der Stunde Null um ein zukunftsorientiertes, politisches Programm handelt, das ja gerade zur Veränderung der Realität aufruft. Und verbunden mit einer Hoffnung. Insofern muss man dann auch die bestehenden Strukturen analysieren, wie es denn sukzessive historisch auch geschehen ist – so weit wir das wissen können.

Was aber ist nach der Stunde Null oder mit ihr alles geschehen? Die Gründung der Bundesrepublik, eine Überwindung des Nullpunkts, die Oeynhausener Bewegungstherapie. Später gab es dann für manche neue Stunden Null, eben schon mit der Gründung der Bundesrepublik (nicht der DDR!) und nach der Wiedervereinigung. Auch in anderen Bereichen gab es Stunden Null wie die, zu der Franco starb, oder eine Art Stunde Null, zu der jemand das Finanzsystem renovierte. Und sogar die sogenannte und angebliche Stunde Null oder null.

Da erkennt man, wie attraktiv solche Embleme sind.

## Quisling

Vidkun Quisling war ein norwegischer Politiker von rechter Gesinnung. Anders gesagt: ein Fascho durch und durch. Nach dem Überfall der Nazis auf Norwegen und der Eroberung erfüllte er als Reichsverweser seine völkische Pflicht. Nach der Niederlage wurde Quisling – wie damals in solchen Fällen üblich – final entnazifiziert.

Doch er ging in die deutsche Sprachgeschichte ein – zumindest vorübergehend. Da es einige der Art gab, wurde sein Name verallgemeinert zum Wort. Quislinge waren fortan Kollaborateure oder Verräter. Er kam mit der Lexikalisierung allerdings nicht in die Liga von Schrapnell oder eines Boycott und Röntgen, die es sogar zu Verben geschafft haben. *Quislingisieren* wäre wohl doch etwas zu aufwendig und zu viel der Ehre gewesen.

Für die abwertende Verwendung eignete sich *Quisling* besonders gut. Die Nachsilbe *-ling* war ja immer schon abwertend bis diskriminierend – hat wenigstens später eine Gruppe von Dreiviertellinguisten herausbekommen. Das haben sie festgestellt, als sie das Wort *Flüchtling* zum Wort (oder Unwort?) des Jahres kürten. Da hatten sie wohl *Liebling* vergessen. Bei *Flüchtling* kam jedenfalls hinzu, dass es generisch sein sollte. Aber wenn man bedenkt, wie viel Frauen darunter waren. Das ging ja gar nicht!

Dieses Problem stellte sich bei *Quisling* nicht. Da passte die Sexusspezifik perfekt zum Maskulin-Männlichen der Grundbedeutung. Unter diesem Gesichtspunkt gäbe es eigentlich keinen Grund dafür, dass das Wort eine Art Eintagsfliege der Sprachgeschichte blieb und verschwand.

Warum? Das weiß niemand. Mit den Wörtern sterben jedenfalls nicht die Sachen. Wir haben ja genügend andere.

## artfremd

Ein ganz böses Wort? So weit Wörter böse sein können. Böse sind die Menschen, die Wörter für Schlimmes oder in schlimmen Zusammenhängen verwenden. Und noch schlimmer, die es tun. In der Nazi-Vergangenheit wurde das Wort für Blutiges verwendet. Manche würden sagen missbraucht. Die Rassenideologie sonderte Menschen als artfremd aus, etwa Juden und Zigeuner – auch wenn die heute anders heißen sollen. Schlimme Verwendungen sind etwa, wenn vom Eindringen artfremden polnischen Blutes oder von artfremden Freunden die Rede ist. Und im Rechtswesen:

> Für Reichsangehörige artfremden Blutes gelten die Bestimmungen nicht, die nach ihrem Zweck nur für Reichsangehörige deutschen Blutes bestimmt sind.

Dann auch übertragen:

> Als artfremd werden Bücher folgender Autoren ausgesondert: . . .

Dies sollten wir um Gottes willen nicht dem Wort anhängen. Es hat auch andere und ältere und bleibendere Verwendungsweisen.

> Transgene Mäuse entstehen durch Mikroinjektion von artfremder DNA in Embryonen.

Wir können die Verwendungsweisen auch im Kontrast differenzieren:

> So sei völlig verkannt, dass die Erziehung durch einen artfremden Menschen auf jeden Fall eine Gefährdung des arischen Kindes bedeute.

> Wenn die Hundeamme die ihr artfremden Säuglinge mit gleicher Sorgfalt betreut wie ihre eigenen Kinder . . .

Vordergründige Kritik an Wörtern mag sogar zum Alibi werden. Also differenzieren! Und auf den Gebrauch achten!

## Trümmerfrauen

Nach dem Krieg, da Deutschland in Trümmern lag, war die Zeit der ziegelkloppenden Trümmerfrauen in Berlin. Was und wer waren Trümmerfrauen? Vielleicht Rentnerinnen, die sich einen kargen Nebenverdienst verschafften, um nicht zu verhungern? Auch. Viele wurden von Alliierten zwangsverpflichtet und bekamen bessere Essenszuteilungen.

Aber es gab auch andere Gründe. Trümmer beseitigen, war das nicht eigentlich Männersache? Zu der Zeit aber Mangelware. Die Sexus-Verteilung stand vielleicht bei 40:60. Da mussten die Frauen eben ran und ihren Mann stehen, wie insgesamt in jener Zeit. Später zum Mythos „Trümmerfrau" stilisiert. Sicherlich war auch mediale Inszenierung dabei. Das Know how war ja wohl noch vorhanden. Aber sollte das schlecht sein?

Die Trümmerfrauen von damals, mit ihrem Anteil an den Aufräumarbeiten, sind immer wieder geehrt worden. Global hat ihnen und 17 Enttrümmerungsarbeitern Bundespräsident Heuss 1952 das Bundesverdienstkreuz verliehen. Im Kino ganz früh im Film mit Montgomery Clift, der eine Trümmerfrau lieben und das ominöse Wort aussprechen lernte.

In Bildern sehen wir viele – in ihrer Tracht, wie es auch hieß – mit Kopftüchern, was für die staubige Arbeit recht funktional gewesen sein dürfte, wenngleich ein Pariser Abendkleid unserer Zivilisation mehr Ehre macht.

Später in der Kopftuchdebatte sollte dann auch gelten, dass für Damen das Kopftuch passé sei. Die Kopfbedeckung erinnere an die Zeiten der Trümmerfrauen. Wäre das schlecht gewesen?

Und wie die Berliner Schnauze so ist: „Du liebe kleine Trümmerfrau, enttrümmer mich, bin ich auch voller Schlacke".

## Onkelehen

Deutlicher vielleicht eine Onkel-Ehe. Scheint etwas rätselhaft.
Vordergründig: die Ehe meines Onkels. Das könnte sein.
Aber gleich eine unter vielen? So richtig in war das Wort in
der Nachkriegszeit, damals als die Männer knapp waren. Im
eheähnlichen Verhältnis – auch offene Ehe genannt oder
böser (und neidvoll?): wilde Ehe – war der Mann nicht gleich
Vater oder Papa, war der Onkel für die Kinder.

Gründe für dieses Zusammenleben mag es manche gegeben
haben. Vielleicht konnte man nicht heiraten, weil der Ehe-
mann noch als vermisst galt, oder es ging darum, die Rente
zu behalten. Böse sprachen deshalb von Rentenkonkubina-
ten. Für dieses Verhältnis gab es auch den Euphemismus
*Kameradschaftsehe*. Auf jeden Fall stellten diese Ehen die
Behörden immer wieder vor schwierige Fragen.
Um etwas ganz Anderes handelte sich bei Kriegsehen in
jener dramatischen Zeit. Sie wurden kurz geschlossen, wenn
der Soldat auf Fronturlaub nach Hause kam. Und oft genug
hielten sie tragischerweise nur kurz. Und für die Kinder, die
darin entstanden, war dann schon mal der Onkel zuständig.

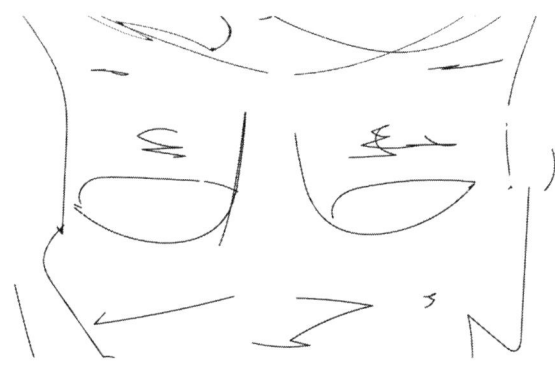

## Zigarettenwährung

Die Zigarettenwährung war ein begehrtes Nachkriegszahlungsmittel. Es war eine Parallelwährung zur Reichsmark, aber viel härter. Man konnte sich gegen Bezahlung mit Frau und einem Haufen Gepäck über die Grenze bringen lassen. Aber auch ansonsten machten viele hohe Kursgewinne. Man bekam alles dafür, was sonst kaum zu haben war: Fotoapparate, Juwelen und andere Dinge des gehobenen Lebensstandards. Der Wechselkurs war äußerst volatil und wurde vor Ort ausgehandelt. Es kam auch drauf an: Chesterfield oder Lucky Strike? Camel, Virginia oder was?

Das Hauptproblem war: Wie komme ich an diese Währung? Meinen Bedarf brauch ich ja erst mal selber. Ich suche andere, die keinen Eigenbedarf haben – und geh den umgekehrten Weg wie oben. Ist das nicht letztlich eine Art von Tauschhandel? Ja.

Mit der Währungsreform 20. Juni 1948 war der Spuk dann ziemlich vorbei. Kein Wechselkurs mehr. Konvertibilität null? Surrogate adé.

Aber Hildegard Knef hatte noch Glück: „Ich fand eine Wohnung am Schlachtensee, beglich die Miete in Zigarettenwährung."

Übrigens ein schönes Beispiel dafür, wie Süchtige zum Gemeinwohl und Wirtschaftskreislauf beitragen konnten.

# DM

Natürlich ein Kürzel. Etwas länger schon D-Mark und voll ausbuchstabiert und voll gültig: Deutsche Mark (nicht Drogeriemarkt!). Das Kürzel ist eng verbunden mit der Geschichte der BRD, pardon Bundesrepublik, pardon Bundesrepublik Deutschland. Die D-Mark erblickte das Licht der Welt fast gleichzeitig mit unserem Grundgesetz. Sie war zwar nicht ewig wie dieses, hatte aber lange Bestand und wurde immer härter. Eng ist sie verbunden mit dem Wirtschaftswunder und mit berühmten Namen wie Heinz Ehrhardt, sorry Ludwig Erhard natürlich. Ja, und da wäre noch ein Berühmter. Er bekam einst von Günther Jauch die Frage: „Wie hieß die Währung, die in der DDR seit 1948 galt?" Hieß sie:

A  Ostmark                    B  Deutsche Mark
C  Konsummark              D  SED-Mark

Die Lösung überlasse ich Ihnen.

Übrigens, der hintere Teil der D-Mark ist lange mit deutscher Geschichte verbunden. Vornweg das Geld:

Reichsmark, Goldmark, Rentenmark, Valutamark
Weniger: Dänemark
Und historisch problemgeladen und mehrdeutig:

Westmark              Ostmark

Einmal die deutsche Spaltung. Da hieß die Währung der DDR im Westen schon mal Ostmark. Und wohl auch umgekehrt. Dann aber vor allem letztere: das von den Nazis durch einfachen Anschluss eroberte Österreich.
Gar nicht hierher gehören wohl:

Benchmark        Knochenmark        Telemark

So taugt denn auch fürs Poesiealbum:

*Geld*
*Ist nicht die Welt.*

Besonders, wenn man's nicht hat.

## Unmensch

Zur Zeit des Unmenschen war er nicht so recht sichtbar. Das heißt: für viele nicht. Für einige zu viele doch in seiner ganzen Brutalität und Härte.

Richtig sichtbar wurde er dann hinterher. Ja, seine Benennung wurde zu einer kleinen Mode mit dem Wörterbuch des Unmenschen von Sternberger/Storz/Süskind. Hier nun lebte er nur noch fort in der Sprache. Das war ein bisschen link im Vergleich zum echten, wenn Menschen, die bestimmte Wörter verwendeten, zu Unmenschen wurden.

Im Ernst, so wurde der neue Unmensch erkannt, wenn er verbrannte Wörter verwendete wie *Betreuung, intellektuell, Menschenbehandlung, Propaganda*. Natürlich – werden die Autoren sagen – so ist das nicht gemeint. Aber drastisch und etwas unbedacht dürfen wir es schon sehen, wenn einiges über den neuen Unmenschen gesagt wird.

Zuerst lernen wir:

> Der Unmensch waltet nicht erst seit heute und gestern [...] in der Sprache. Die Neuerung besteht nur darin, dass er sich erst jüngst als Normalmensch etabliert hat.

Und dann zwei seiner Übeltaten:

> Betreuung ist einer der Steine, welche der Unmensch anwendet, um den Menschen zu steinigen.

> Unmensch, der sich in Menschenbehandlung versucht.

Und wussten Sie schon, „dass der Unmensch im Rausch seines Sprach-Umschöpfertums alle Hemmungen des Verstandes von sich weist"?

Wir müssen sehen und anerkennen, dass es den Autoren in erster Linie darum ging, zu zeigen, dass Sprachliches der Nazizeit weiterlebt. Aber, dass das global schlecht sei, zeugt nicht von begründetem Sprachbewusstsein und Gefühl.

Wir jedenfalls sollten uns glücklich schätzen, wenn der Unmensch tatsächlich nur in der Sprache waltete.

## Sprachspiel

Beim Wort *Sprachspiel* könnte man spontan denken: Was hat es hier zu suchen? Es ist doch alt und Sprachspiele werden seit langem gespielt. Etwa in *Roland-Kaiser-Schmarren*. Um diese Verwendung soll es nicht gehen. Es geht um einen spezifischen Begriff, einen Sprachbegriff, der aus Wittgensteins Philosophie den Sprung nach draußen geschafft hat. Mit dem Wort *Sprachspiel* soll hervorgehoben werden, dass das Sprechen der Sprache eine Tätigkeit ist in einer Lebensform. Es gibt unzählige solcher Sprachspiele. Und diese Mannigfaltigkeit ist nichts Festes, ein für allemal Gegebenes, sondern neue Sprachspiele – wie wir sagen können – entstehen und andre veralten und werden vergessen. Sprachspiele sind Lehrstücke. Sie können ein Licht auf unsere Sprache werfen. Von einer idealen Sprache ist nicht die Rede. Die gewöhnliche Sprache wird zur Basis aller Überlegungen. Sprachspiele hängen nicht in der Luft. Sie werden gespielt in einer Gesellschaft. Sind verankert in einer Kultur, bestimmen sie. Mit diesem Sprachbegriff kommt die Verwobenheit von Sprache und Welt in den Fokus. Nicht mehr: Hier die Sprache und da die Welt. So ist die Welt nicht beschaffen.

Selbstverständlich bleibt die Sprachspielerei im alten Sinn am Leben. Nehmen wir mal unsere Jahrhundertwörter, ersetzen den ersten Buchstaben durch T und schauen, was meine Rechtschreibprüfung dazu sagt. Sie akzeptiert:
Tastarbeiter, Testseller, Tischehe, Tanti-Baby-Pille
Was sie selbst vorschlägt: Tit-in, Totexamen, Transmann
Was Sie sich darunter vorstellen, überlasse ich Ihnen.
Vielleicht noch: Erster Buchstabe ersetzt durch S.
Akzeptiert: Sackfisch, Sauerspecht, Sohlenklau
Was sie selbst vorschlägt: Satanisch, Unwort, Zuschalten
Unsere Stichwörter können Sie ja wieder aufleben lassen.

## Music Box [gesprochen: mjuusick]

So hießen die frühen Versionen, noch mit 78er Platten. Dann auch Musikbox oder Juke Box. Ein großer Fortschritt waren in der Folge die 45er, immer noch Vinyl. Es gab ein Schalt- oder Wählpult. Da standen Titel auf Knöpfen zum Wählen und Drücken. Die Platten standen hinten in Reih und Glied. Die gewählte wurde mit automatischem Arm gefasst und aufgelegt. Die Wurlitzer wurde der große Renner.

Mit dem „Versuch über die Jukebox" intendierte schon Peter Handke, „sich die Bedeutung dieses Dings in den verschiede- nen Phasen seines nun schon lang nicht mehr jungen Lebens klarzumachen." Ja, auch ich war in Soria, oben im Parador mit Blick auf Fluss und Stadt, habe die Box nicht gefunden. Dafür aber Roda I. Je mehr ich mich davon genährt hatte, desto nichtiger ward mir der Gegenstand Jukebox.

Das mit Handke war in den 60ern. Da hörte er vielleicht Rolling Stones „Satisfaction" oder Paul Anka „Diana", wie ich dann auch. Früher bei mir da ging es eher um Elvis Presleys „Jailhouse Rock" und The Platters „Only you", die noch heute anrühren und in Youtube rührende Kommentare auslösen.

> 67 years later and this song still sounds great, it's timeless.
> Está era la canción favorita de mi abuelito. El día de ayer partió al cielo y ahora ya descansa en paz.
> This is so beautiful, was my grandmothers song at her funeral.
> Everytime in the music box. Give me a shiver down my spine.
> Det är en så underbar sång och musik som man sällan hör.
> Wunderschön! Das ist das Lieblingslied von meinem Papa.
> Grandioso colossale!!!
> This is one of those songs you could listen to when the worlds about to be destroyed and still feel peaceful and calm.
> Play this at my funeral.

Die Fremdwortjäger sind der Music Box noch nicht auf die Spur gekommen, hätten etwa *Musikbüchse* vorschlagen können – mit Anklang an die Büchse der Pandora.

## Bestseller

Bestseller sollte es erst seit Ende der Vierziger geben. Das glauben wir natürlich nicht. Aber damals kam das Wort ins Deutsche und damals entstand vielleicht auch langsam ein neuer ökonomischer Usus, eine neue Masche auf dem Buchmarkt. Der noch fortlebt in den Listen, mit denen Bestseller gemacht werden.

Klar, wo das Wort herkam, und die Zusammensetzung erklären brauch ich wohl auch nicht.

Früh gab es einen Bestseller über Hitler (nicht der seine), als Bestseller geplant und als solcher abgesetzt. Und – obwohl auch als seicht gesehen – die tiefe Abscheu brachte viel Geld ein.

Früh ging schon das Gerücht, dass Filmleute misstrauisch auf jedes Manuskript schauten, dem nicht schon ein Bestseller als Sicherheit zu Grunde lag. Auch heute bekämen Sie als Bestseller-Autor oder Autorin die automatische Fortsetzung. Und Rezensionen schon vor dem Erscheinen.

Das Wort war in seiner Geburtszeit schnell produktiv, so dass auch ausgesprochene Reißer unter den Männern gewissermaßen Bestseller wurden. Ja, die Reißer gab es eben schon immer.

Schopenhauer hat früh seinen Senf dazu gegeben: „Das große Publikum meynt, es sei mit den Büchern wie mit den Eiern: Sie müssen frisch genossen werden; daher greift es stets nach dem Neuen."

Ich hoffe Sie auch und nach diesem.

Auf jeden Fall erstaunt da nicht, dass „Das Ei und ich" ein unerhörter Bestseller wurde. Und „Die Leiden des jungen Werthers" schon 1774 auch? Ante verbum!

# Atombusen

Da lese ich: „umgangssprachlich: besonders großer weiblicher Busen". Ziemlich ulkig. Welcher denn sonst? Und umgangssprachlich? Wenn Mediensprache Umgangssprache ist, vielleicht schon. Auf jeden Fall ist dies das schönste Kompositum mit *Atom-*, wenn auch beheimatet im Pornohimmel. Und nur so explosiv wie die Sexbombe. In den 70ern war das Wort eher selten. Seit 2000 verblüffend mehr. Wieso? Weiß man nicht. Lara Croft scheint jedenfalls einen zu haben. Und die Barbiepuppen mit Atombusen, aber auch frühere Promis, rückblickend vielleicht Sophia Loren?

Und in den 50er-Jahren dann die große Diskussion um die atomare Bewaffnung der Bundeswehr, wie die Regierung unter Strauß sie anstrebte. Das wurde ein politisches Lehrstück. Weil damals das Umfeld von Atomwaffen schon nicht mehr positiv war, erfand die Regierung diverse Euphemismen für das Eigentliche. Da ging es dann nur noch darum, unsere Streitkräfte mit modernsten Waffen auszustatten. Oder einfach um Umrüstung. Dagegen mieden die Gegner das Wort *Atom* mit seinen Komposita und Ableitungen natürlich nicht. So bekam *Atom* in jener Zeit keinen guten Klang und später bei der „friedlichen Nutzung der Kernenergie" war dann einiges an Aufklärungsarbeit zu leisten. Sonst bewegen wir uns mit *Atom* ja eher im Umfeld von *Abfall, Angriff, Aufrüstung, Bombe, Bombenopfer, Drohung, Explosion, Gefahr, Gewalt, Katastrophe, Krieg, Sprengkopf, Waffe, Wettrüsten* und *Tod*.

Wollen wir vor diesem Hintergrund nicht doch lieber beim erstaunlichen Atombusen bleiben und mit dem Bond-Vorgänger bei der Vorliebe für Atombusen und dralle Hinterteile? Sorry. So einfach und sexistisch nicht.

## Bikini

Versuche mit Zweiteilern gab es schon vor mehr als zweitausend Jahren. Aber der Durchbruch als Bikini gelang 1946 in Paris. War es das Bi=zwei, für das der Name stand und haben es Französinnen gut verstanden? Nein, eher doch das Wort mit großer Presse damals.

>  Tolle Bikinis, ja toll!
>  Drauf reimt sich das Atoll.

Jenes kleine Inselchen im Pazifik des Namens, der in der Sprache der Ureinwohner vielleicht „Insel der zwei Kokosnüsse" hieß. Der Bikini ein Knaller, dieses Bikini allerdings bekam viele ab. Es war seit 1946 Ziel oder Versuchsgelände für Atombombenabwürfe der Amerikaner bis hin zur ersten Wasserstoffbombe.

In diesem Jahrhundert Welt(Un)kulturerbe und wieder Tauchparadies für Touris. Na, denn! Und die Habwertzeit?

Zurück zum Bikini. Er profitierte vom medialen Aufsehen der Atombombe – heißt es. Und so gehören ihm auch mindestens die ersten 30 Funde in Google. Das Wort hat es wie *ok* in fast alle Sprachen geschafft.

Vielerorts wurde er auch als Symbol der Befreiung der Frau gesehen. Befreiung wohl in jedem Sinn? In Spanien allerdings wurdest du als Frau am Strand noch in den Siebzigern von der Guardia Civil weggepfiffen. Dafür regiert jetzt, nach dem Tod des sittsamen Franco, der Einteiler – der mit dem Oben-ohne-Teil. Nicht immer so elegant. Aber frei?

## 68er

*Die 68er* findet sich oft mit zweierlei Art Fortsetzung. Einmal *die 68er Jahre* und dann *die 68er Generation*. Letzteres eben Personen oder Menschen, die sich dazu zählten und zählen oder dazu gezählt wurden und werden.

Die 68er Jahre gelten vielen als eine Art historischer Zäsur. Diese Jahre seien bestimmt durch die 68er-Bewegung – auch Studentenbewegung, weil sie an den Universitäten ihren Ausgang nahm –, also eben die Personen, die damals sich dazu zählten oder dazu gezählt wurden.

Die Zäsur wird darin gesehen, dass die 68er einen Bruch mit Konventionen wollten und dass sie zum Beispiel die Nazi-Vergangenheit und ihre Reste in der 68er-Gegenwart neu aufrollten. Spektakulär auch bestimmte Aktionen und Demonstrationen. Eine neue Art von Öffentlichkeitsarbeit? Eher harmlos, aber doch exemplarisch „Unter den Talaren der Muff von tausend Jahren". Und von der Uni in die Gesellschaft.

Verbunden mit den 68ern war *antibürgerlich* und *rebellisch*, *Revolte*, *Hippie* und *Kulturrevolution*.

Und die 68er selbst? Es gab schon immer *echte, richtige, wilde* und *linke,* dann auch *satte* und *frustrierte.* Jetzt im Nachhinein dann vor allem die *alten, älter gewordenen* und *ehemaligen,* auch schon *ergraut* – und damit bei jenen weißgrauen Alten? Jenen angeblichen, die bestimmen, wo's langgeht.

Eine historische Bewegung beginnt in der Regel nicht mit einem Ruck. So finden sich die Ideen und Personen der 68er auch schon 1967 und gewiss früher. Und enden tut eine Bewegung ebenso wenig abrupt. So wird auch diese Bewegung weiter leben, etwa in der APO und thematisch mit dem Vietnamkrieg. Die Spuren lassen sich verfolgen bis in die Bildungspolitik, Dollpunkt etwa die hessischen Rahmenrichtlinien.

Für derlei Kontinuität mögen die Personen herangezogen werden oder die Ideen. Die Charakterisierung gibt es von innen über Eigenidentifikation oder von außen über Zuschreibung. Die Ideen werden darum auch unterschiedlich gesehen und den 68ern wurde sofort von außen – dann auch später – allerhand angehängt. Vor allem, sie seien gar nicht das gewesen, was sie selbst sein wollten. Ein empfehlenswertes Argumentationsmuster? Auch anzuwenden auf sich selbst.

Sprachlich – heißt es – sei in der Zeit viel passiert. Ein paar typische Verben etwa: *reflektieren*, *hinterfragen*, *artikulieren* und *umfunktionieren*. Mit ihnen lässt sich auch heute noch was anfangen.

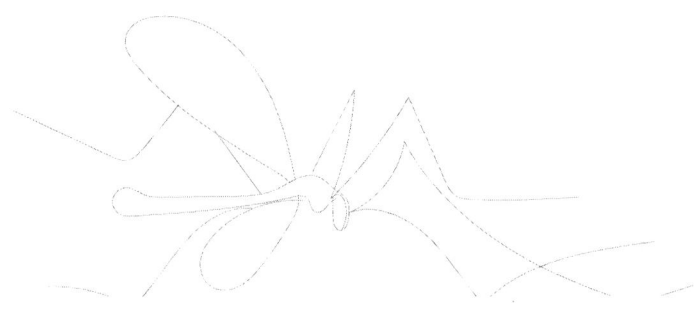

## Mein Lebenslauf (Kurzfassung)

Ich wurde 1945, kurz nach dem Krieg geboren, so hatte ich mit dem ganzen Nazikram nichts zu tun (außer, dass mein Vater mit dem Volkssturm gefallen war). Im Alter von sechs Wochen wurde ich getauft auf den Namen Joschka, später auch kürzer Joscha gerufen. Klang auch etwas weicher.
Aber ich war ein sehr agiles Kind, auch als wild und rebellisch gesehen.
Ich übergehe ein paar Jahre bis zu meinem Studium der Soziologie. Auch da war ich wieder agil, ich pendelte semesterweise zwischen Heidelberg, Frankfurt und Berlin. Zuerst engagierten wir uns eher intern, etwa in der Kritischen Universität. Ich selbst war auch im neu gegründeten paritätischen Institutsbeirat.
Eine Art Erweckungserlebnis war die Schah-Demo in Berlin. Als da mein Kommilitone Benno erschossen wurde, ging ein innerer Sturm durch mich, durch uns alle. Aber als dann mein Freund Rudi dran war, da konnte kein Halten mehr für mich sein. Ich musste öffentlicher werden. Das wurde ich dann auch. Ich wurde immer rebellischer und politisch bewusster. Raste von Demo zu Demo.
Als endlich alles etwas abklang, ließ ich mir – als Zeichen der Solidarität – einen Pferdeschwanz wachsen. Jetzt schon leicht grau. Von draußen sehen sie mich unter den weißen Alten.

## aufreißen

Erzählt mir mein Freund: Mein Vater war Aufreißer – ein Glitzern in den Augen. Ja, was war er denn? Haben Sie eine Idee, warum es in den Augen glitzerte?

Seit den 50er Jahren war *aufreißen* ein Wort der Jugendsprache. Dokumentiert noch im Wörterbuch der Umgangssprache von Heinz Küpper. Da als halbwüchsigensprachlich gekennzeichnet und unter #8 mit der Bedeutungsangabe „jemandes Bekanntschaft machen". Das klingt ein bisschen zu passiv.

Damals war es dufte, wenn man ne Biene oder ne Puppe, auch schon mal einen steilen Zahn aufreißen konnte. Das war natürlich nicht so schlimm, wie es sich anhört. Jugendsprache lebt wie die Jugend von Kraft und Stärke. Aber nichts vergeht so schnell wie die Jugend – denkt man hinterher. Und nichts ist so schnelllebig wie die Jugendsprache. Damals gab es als Ableitung auch den Aufriss für die Tat und das (willige?) Opfer, das sich natürlich entsprechend aufgemotzt hatte mit Petticoat und Entenschwanzfrisur. Aber glauben Sie bitte nicht, dass es so schnell zum Petting kam. Und schon gar nicht zu Küppers #9. Damals wie heute haben wir es in diesen Dingen mit viel Verbalismus zu tun. So kondensiert und drastisch, wie Journalisten es heute darstellen, wurden die Stechwörter nie verwendet.

Ja, und was war der Vater meines Freundes? Eigentlich war es wohl kein etablierter Beruf, den er ausübte. Er war einer, der den Meiler aufriss bei der Stahlproduktion und später wohl auch den Hochofen.

Übrigens schlimmer schon immer der Umgang mit Rekruten, denen schon mal der Arsch aufgerissen wurde.

## abgeschlafft

Das kennen wir jetzt alle gut. Heißt es einfach „müde"? Ja, etwas stärker. Aber es gibt noch etwas mehr.

Im Jahre 1968 erschien der Kultfilm „Zur Sache Schätzchen", der unter anderem Uschi Glas zu ihrer langen Karriere verhalf. Der Protagonist dargestellt von Werner Enke hatte jede Menge cooler Sprüche auf den Lippen.

So lag er oft abgeschlafft auf dem Bett und betrachtete das Pausenbild im Fernsehen, das es heute im pausenlosen Fernsehen nicht mehr gibt. Schauen Sie selbst, wie viel Kurzweil es bietet.

Traf er damit das Lebensgefühl der 68er-Generation? Offenbar nicht nur. Es ist sicher nicht falsch, zu sagen, der Ausdruck habe es in den allgemeinen Sprachgebrauch geschafft. Unser Stichwort war natürlich vorher eine mögliche Bildung und es gab sie auch schon vorher. Seine besondere Verwendung und für viele die Reminiszenz an diese Jahre gewann es aber hier. Eben geschafft und abgeschlafft.

War der schnodderige Ton der Darsteller eine Bereicherung des Deutschen? Wir haben gemeinsam entschieden.

Auf jeden Fall: Das Wort machte in den 70ern kurz politische Karriere, als Herbert Wehner das SPD-Denkmal angriff und von Willy Brandt sagte, der sei entrückt, abgeschlafft und bade gern lau. Und das dazu noch aus Moskau herüber. Seiner alten Heimat?

# Bildungskatastrophe

Die Welt ist voller Katastrophen. Eine folgt der anderen: der Dürrekatastrophe die Flutkatastrophe, der Klimakatastrophe die Hungerkatastrophe, der Reaktorkatastrophe die Umweltkatastrophe. Ob man mit der Vokabel die Menschen noch wachrütteln kann? Damals ab den 60ern erregte die Bildungskatastrophe die Gemüter. Da waren Reformen angesagt. Begabungsreserven waren zu aktivieren.

Betroffen zuerst die Curricula. Sie waren zu durchforsten, zu entschlacken, von altem Bildungsgerümpel zu befreien. Ziel: „Im D-Zugs-Tempo zum Abitur", wie ein Slogan karikierte. Damals haben wir erkannt, dass wir Schülerinnen und Schüler so anreden sollten, auch festschreibende Rollenzuschreibungen vermeiden, bis hinein in die Beispielsätze.

Dann die Werte. Die waren strittig. Etwa die zwei Pole, Effizienz hie und Emanzipation da. Aber auch andere bleibende wie Toleranz, Fairness und Wahrhaftigkeit. Im Curriculum so leicht nicht zu hinterlegen. Im Deutschunterricht per Auswahl an Pflichtlektüre vielleicht. Aber in der Mathematik? Ja, vielleicht in Textaufgaben?

Schließlich die Organisation. Sie war in der Politik das Strittigste. Da glaubten Politiker Ahnung zu haben. Großes Thema: die Gesamtschule. Sie war in den meisten Ländern als Schulversuch abgemildert. Es gab kein Gymnasium und also keinen Übertritt. Alle blieben etwa bis Mittlere Reife beieinander. Allerdings nur im Programm nach außen. Innen wurde alsbald differenziert in A, B und C etwa. Im Spiel der Politik wurde das alles auch schön polemisch diskutiert und die Gesamtschule zur sozialistischen Kaderschmiede.

Später dann doch wieder weg von der Chancengleichheit zur Elite, zur Förderung der Hochbegabten. Das wäre auch nicht schlecht. Aber wo wäre der Gegensatz?

Nur in der Stereotypen-Ideologie?

Hier noch ein Wort zu einer ganz anderen Pädagogik, der antiautoritären Erziehung, die nicht nur zu Hause praktiziert wurde, sondern ihre Idee auch in den Unterricht brachte. Zwar nicht ganz „Jeder macht, was er will", aber ein bisschen doch. Von daher auch die Schülerfrage: Müssen wir heute schon wieder machen, was wir wollen?
Wenn man über Bildung weiter sprechen will, kann man schauen, welche Komposita gängig sind mit *Bildung* als Erstglied. Es sind weit mehr als 100. Da hätte man ein Büchlein beisammen. Und vor allem sehen wir, wie wichtig sie ist.

-elite
-ziel
-interesse
-monopol -auftrag
-fähigkeit
-programm
-anspruch -grad
-reform -hunger
-inhalt -offensive -politik
-stoff
-misere -angebot
-dünkel -sprache -niveau
-maßnahme
-prozess
-tradition -kanon
-ideal -erfolg -defizit
-elend -privileg
-standard
**Bildungs** -chance
-notstand

# Chancengleichheit

In den 70er Jahren hat es die Bildungspolitik bis in den Wahlkampf geschafft. Die SPD sloganisierte: „Chancengleichheit für alle".

Grundlage war die Gleichberechtigung aller Menschen nach dem Grundgesetz. Sie galt als Garant für gleiche Chancen auf dem Bildungsweg. „Alle Kinder müssen die gleiche Chance haben." Das war so neu nicht. Schon in der Verfassung von 1919 war die Chancengleichheit – wenigstens beim Schulzugang – festgeschrieben.

Es bildete einen gewissen Konsens zwischen den Parteien, bis die CDU auf die Idee kam, das Thema für den Wahlkampf zu instrumentalisieren. Das Fahnenwort *Gleichheit* wurde umgedeutet zur Gleichmacherei und erzwungener Vereinheitlichung. Bei Chancengleichheit gehe es um eine möglichst weitgehende Egalisierung. Dagegen müsse jedem Einzelnen seine eigene Chance gegeben und nicht die gleiche wie allen anderen. Also jedem das ihm Gemäße. Mit religiösem Anklang wurde sogar formuliert, jeden nach seiner Bestimmung (!) zu unterrichten. Man merkt schon eine Art verquerer Logik und Moral. Ihr Konzept fasste die CDU mit dem Fahnenwort *Chancengerechtigkeit*.

Das war moralisch bemerkenswert. Ist doch nicht Gleichbehandlung Maßstab der Gerechtigkeit. Mit ihrem Zaubertrick kam allerdings auch Spiel in die Geschichte. Jetzt hätte man darüber diskutieren können, was gerecht ist. Zum Beispiel hätte man im Sinn der Gerechtigkeit auch drauf kommen können, dass es nicht nur um gleiche Startchancen ginge – die es ja nie gab –, sondern auch darum im Verlauf schulischer Bildung, bestehende Ungleichheiten auszugleichen, so wie es etwa die Idee der Gerechtigkeit als Fairness verlangt.

## Gastarbeiter

Der oder die Gastarbeiter erblickten das Licht der Bundesrepublik als Fremdarbeiter. Man hat sich aber schnell erinnert, dass im zweiten Weltkrieg Gefangene als Fremdarbeiter genutzt wurden. Das ging natürlich nicht, man machte sie zu Gastarbeitern. Ob das einfach nur nett gedacht war, dass man sie eben wie Gäste zu behandeln hatte, oder ob doch eher die Idee im Hintergrund, dass sie nur vorübergehend hier zu bleiben hätten. Man weiß nicht. Sie hießen dann auch Wanderarbeiter, Zuwanderer und polemisch Zwangsarbeiter – als Selbstbezeichnung.

Die Geschichte der Gastarbeiter können wir mit Schlüsselwörtern darstellen. Ging es anfangs vor allem um *Anwerbung* und *Aufenthaltsberechtigung*, kamen alsbald Fragen der *Familienzusammenführung* und *Integration* hinzu. Da kamen *Angehörige* und *Ehepartner* und so dann auch: Tochter griechischer Gastarbeiter, Sohn italienischer oder Sohn spanischer Gastarbeiter. Da hätten wir auch die frühen Quellen bis zu den türkischen. Und hier noch viel mehr.

türkische
**kroatische** Gastarbeiter
albanische vietnamesische
spanische marokkanische
serbische polnische
indische arabische

Damit auch weiterer Bedarf an *Sprachunterricht* und *Deutschkursen* sowie nicht zuletzt Fragen der *Integration*, *Eingliederung* und *Einbürgerung*. Alles Fragen, die bis ins neue Jahrtausend reichen.

## klammheimlich

Es gibt Wörter, die sind eng an historische Ereignisse gebunden. Nicht, dass sie das Ereignis bezeichnen, sondern sie bleiben im kollektiven Gedächtnis damit verknüpft.

Das Stichelwort hier ist alt. Es hat aber 1977 groß Karriere gemacht, und zwar in der Verbindung *klammheimliche Freude*. In einem sogenannten Nachruf auf den ermordeten Generalbundesanwalt Buback schrieb ein Göttinger Mescalero: „Ich konnte und wollte (und will) eine klammheimliche Freude nicht verhehlen."

Die menschenverachtende (aber irgendwie wohl ehrliche) Äußerung rief einen Mediensturm der Entrüstung hervor, der sich immer wieder um dieses Wort drehte. So können ungewöhnliche Wörter zu Aufhängern werden.

Das Wort selbst ist ein Hybrid. Der vordere Teil ist lateinisch *clam* in eingedeutschter Schreibweise und bedeutet nichts Anderes als „heimlich". Also doppelt gemoppelt, eine verdeutlichende Bildung, die andeutet, dass vorher *clam* wohl auch selbständig verwendet und dann nicht mehr verstanden wurde – so glaubte man wohl. Unsere Sprache kennt viele solcher Bildungen. Etwa *Windhund* oder falsch sogar *Walfisch*.

Mit *klamm* für knapp an Geld hat unseres jedenfalls wenig zu tun. Und heimlich klamm schon gar nicht. Auf jeden Fall haben wir hier einen Fall, bei dem ein Wort als Aufhänger – fruchtbarer? – öffentlicher Diskussion dient.

Aber was hat es mit dem Mescalero auf sich?

# Chaoten

Das Stichwort bringe ich gleich im Plural. Chaoten treten nämlich stets gemeinsam auf, in Gruppen. Sie sind Chaos-Fans und wenn sie es nicht vorfinden, produzieren sie es. Ihr Profil entnehme ich als gewiefter Profiler den medialen Darstellungen. Also, wo sind sie zuerst aufgetaucht?

Es scheint, bei einer Demonstration gegen die Wiederaufbereitungsanlage im bayrischen Wackersdorf und gleich wieder bei der gegen das AKW Brokdorf. Demonstranten haben gewöhnlich das Propagieren politischer Überzeugung zu einer Sachfrage – heißt es – zum Ziel. Aber in Wackersdorf damals kam es zu einer Schlacht zwischen Ordnungskräften und Demonstranten. Es gab tote Demonstranten und Beamte, hunderte Verletzte. Frage bleibt: Wer hat wohl angefangen? Die Geburtsstunde der Chaoten.

Ab da sind Typen zu unterscheiden: Politchaoten, Protestchaoten, Umweltchaoten. Dann Reisechaoten, umherziehende Gewalttäter, die von Demo zu Demo anfahren.

Aber was machen sie fürderhin? In den Medien bildeten sie kriminelle Kader, wurden Vandalen und Krawallmacher, Linksextremisten oder schlicht Verbrecher. Dazu musste man diese kriminellen Vereinigungen frühzeitig erkennen, die „unter dem Deckmantel angeblicher Umweltprobleme" schwere Straftaten begingen.

In Hamburg sind rezent Silvester-Chaoten aufgetreten, haben Feuerwehrleute mit Böllern angegriffen, Klima-Chaoten griffen Polizisten mit Pfefferspray an! Was immer die waren . . . Über die sind wir uns hoffentlich einig.

Vielleicht sind die Chaoten gebildeter, als wir meinen, wissen: Aus dem Chaos das Neue. Chaos ist Ursuppe der Evolution. Zu Hause hat man allerdings auch schon mal einen Chaoten im Singular – als Partner. Einen liebenswerten, sympathischen.

## Sympathisanten

Gewiss sympathisieren Sie mit irgendwas und mit irgend-
wem. Etwas oder jemanden sympathisch finden, gehört zu
den menschlichen Grundeigenschaften und -bedürfnissen. Es
ist die soziale Hoffnung auf reziproke Empathie.
Sie ahnen, darum ging es hier nicht. Sympathisanten waren
gewisse Menschen. Sie entwickelten sich langsam, lebten auf
in der Terrorismusdebatte der 70er. Kein karges Leben.
Vielleicht wären Sie auch einer gewesen (auch eine, wenngleich es die noch nicht gab) oder: Waren Sie gar einer?
Also die sympathisieren mit irgendwas. Vielleicht mit einer
Partei nur. Alsbald aber mit extremen Bewegungen oder
einer bestimmten Ideologie. Gar mit Terrorismus, mit Terroristen und ihren Taten.
Und wie zeigen sie was?
Das bleibt etwas unterbestimmt, weil sie es ja gar nicht
sagen. Sie sagen überhaupt nicht, dass sie sympathisieren.
Das wurde von außen festgestellt. Die FAZ wusste zu berichten, dass da Professoren, Literaten und Pastoren aus sicheren
Stellungen als Sympathisanten mitwirkten. Wie haben sie das
gezeigt? Etwas zeigen und erkennen, was gezeigt wird, sind
zweierlei. Man braucht eben ein Näschen. Einer soll mal
einem verarmten Terroristen die Zahnarztrechnung bezahlt
haben.
*Sympathisant* ist eines jener seltenen Wörter mit Bedeu-
tungsverbesserung. Nachdem moderate Politik etwas aufge-
klärt und geraten hat, vorsichtiger mit dem Wort umzugehen, konnte man sogar wieder Sympathisanten für die CDU
wie für die SPD werben.
Das scheint nun auch wieder vorbei wegen der vielen heimli-
chen der AfD.

## Chauvi

Es war einmal ein französischer Soldat, der hieß Chauvin. Er spielte in einem Theaterstück und war ein großer Patriot. Er wurde zum Typus des Chauvin, von dem hinwiederum der Chauvinismus abgezogen wurde. Ja, übertriebener Nationalismus zog sich durchs ganze 19. Jahrhundert.

In den USA wurde der Gebrauch neuerdings erweitert auf Sexismus und von male-chauvinism geredet. Daraus machen wir für Männer – mit einer jener modernen Akü-Formen wie *Fundi* – unseren Chauvi, gekürzt aus *Chauvinist*. Aber: Neues Wort – neue Bedeutung. Ein Chauvinist ist einer, der ein Chauvi ist und ein enger Verwandter des Macho. Wir sprechen ihn aber immer noch französisch aus: Schowi im stillen Gedenken an Chauvin.

Von Harald Schmidt soll es viele Chauvi-Sprüche geben, wie zum Beispiel den:

> Die Scheidung hat viele soziale Vorteile: Denn mal ehrlich, ohne Scheidung hätten doch viele Frauen gar kein Einkommen.

Im Netz kursieren noch mehr Sprüche, warum es Männern trotzdem schlecht geht zwischen Szylla und Charybdis:

> Führen wir sensible Gespräche, wollen wir hinterher in die Kiste.

> Halten wir uns aus Frauenproblemen raus, sind wir unmenschlich.

Ich kann hier nicht aufzählen, wer alles ein Chauvi ist oder war. Grass war auf jeden Fall einer. Ja, wir müssen alle lernen, weil jeder Mann . . .

Und wie immer aufpassen, meine Damen und Herren: Ein Softi ist ein Chauvi, der Kreide gefressen hat.

## Zivi

Ein Zivi wäre in erster Linie eine Person, die ihren Zivildienst ableistete, also eine zivildienstleistende. Jetzt gibt es sie nicht mehr live und darum auch nur der Zivi, keine Zivie. Verblüffend, dass ich im Wörterbuch diesen Zivi nicht mehr finde, nur noch den Polizisten in Zivil. Hier vielleicht dann auch gegendert.

Grundlage für unseren Zivi war das Wehrpflichtgesetz vom 21. 07. 1956, § 25: „Wer sich aus Gewissensgründen der Beteiligung an jeder Waffenanwendung zwischen den Staaten widersetzt und deshalb den Kriegsdienst mit der Waffe verweigert, hat statt des Wehrdienstes einen zivilen Ersatzdienst außerhalb der Bundeswehr zu leisten." Der zivile Ersatzdienst möge mit Aufgaben des Allgemeinwohls wahrgenommen werden.

Diese Empfehlung sollte sich bewähren.

Einerseits erledigten Zivis allerhand. Man leistete den Dienst in der Pflege bei diversen Wohlfahrtsorganisationen: im Altenheim, in einer Suppenküche, beim Roten Kreuz, beim Diakonischen Werk und wenn man Glück hatte (?) in der Schwarzwaldklinik. Angeblich waren die jungen Männer vor allem günstige Arbeitskräfte.

Und andererseits soll das angeblich für viele auch eine wichtige persönliche Sozialerfahrung gewesen sein.

Ein Haken? Man musste Gewissensgründe darlegen, was gottseidank nicht schwer war, weil es schnell standardisierte Formulare gab. Ein anderer Haken bis eine Gemeinheit war, dass der Zivildienst länger dauerte als der Wehrdienst.

Weil er weniger wert war? In Friedenszeiten.

Bemerkenswert noch, dass viele vaterländisch Gesinnte die Zivis verachteten. Natürlich nicht die Betreuten. Dann aber, als der Zivildienst endete, da tat sich ein schmerzliche Lücke auf, die es auch in die Öffentlichkeit schaffte. Ja, was nun?

## Schrittmacher

Der Schrittmacher war mit dem Radsport um 1900 in die Welt gekommen. Mit der gegenderten Form dauerte es etwas länger. Sie kam so 1936 ins Spiel mit dem Fernsehen. Sportliche Schrittmacher*innen fahren auf dem Spezialmotorrad vor dem/der Rennfahrer/in her, damit der/die im Windschatten schneller wird.

Echtes Schlaulestum: Vorn mit Motor und hinten im Windschatten?

Hat sich das erhalten bei der Ausweitung der Bedeutung? Eine Antwort will ich hier nicht geben. Aber die Idee hat Furore gemacht. Bei Personen etwa wurde erkannt:

Feuerbach war der Schrittmacher für Karl Marx.

Ganz früh radelte die Sozialdemokratie als Schrittmacher (noch!). Für wen oder was? Im politischen Vokabular war die Schrittmacherei alsbald zu Hause. Jemand meinte gar *Schrittmacher* sei dem Vokabular der Produktionspropaganda der DDR vorbehalten geblieben. Daneben hätte er gleich Willy Brandt setzen können:

Heute könnten wir noch zu den Schrittmachern einer neuen Politik gehören, morgen würden wir bestenfalls den Nachzüglern zugezählt werden.

Die neue Karriere des Schrittmachers läuft hier:

Die Schrittmacher am Sinusknoten an der Einmündungsstelle der Vena cava zwingen dem Herzen die Schlagfrequenz auf.

Klingt etwas böse, ist aber ein Segen. Demnächst kommen dann auch Schrittmacher für menschliches Handeln.

Über zirkadiane Rhythmik und Schlaf, über Schrittmacherneuronen und die Stimulation des Vagus kann ich mich aus Gründen der Verständlichkeit nicht auslassen.

## Sit-in

Wohl schon in den 60ern als Import aus den USA. Erst ge-
deutet als Niedersetzen auf der Straße, um den Verkehr zu
blockieren. Von den Motiven keine Rede. Man konnte sich
gut aufregen über den Anglizismus, mehr als worüber es da
ging. Die Studenten aber wollten Diskussion und Aufmerksamkeit für ihre Anliegen.

> Der Senat lehnte die Stegreifdiskussion ab, worauf die
> Studenten zu einem Sit-in im Foyer des Universitäts-
> Hauptgebäudes übergingen.

Warum wohl? Das wusste die ZEIT:

> Im Sit-in hatten sich rund 200 Studenten versammelt und
> palaverten in revolutionärem Eifer über ihr Tun.

Ja, 1966, da blieb es wohl noch drinnen. Aber die frühe
Definition wirkte dann schon. Vor allem auch im Zusammenhang mit Vietnam, wenn auch kleingeschrieben:

> Zum verbotenen sit-in vor der amerikanischen Botschaft
> rief der SDS auf.

Natürlich war das Unkultur. Was soll's da noch um die Sache
gehen? Doch das Sit-in machte Karriere:

> Daraufhin beschlossen die Kinder, ein Sit-in zu machen,
> setzten sich zusammen und hakten sich ein.

Süß, gell? Und die Sit-ins wurden größer und zu Sitzblocka-
den, etwa auf der Mutlanger Heide. Da waren ganz schön
Promis dabei: Böll und Grass, Eppler und Lafontaine, Gollwit-
zer und Jens und natürlich Petra Kelly. Wir sehen, wie Vorbil-
der wirken können. 1988 bedauerte der Spiegel rückblickend:

> Kein Sit-in, kein Teach-in, kein Go-in, kein Love-in.

Da waren die -Ins schon in Nostalgie abgerutscht. Doch die
Wortbildung hatte lange Spuren hinterlassen. Und sollten die
jetzigen Papp- und Klebe-ins nicht davon inspiriert sein?

## Soli

Der Soli ist ein Kürzel für *Solidaritätsbeitrag*, wie die Grafik nur halb zeigt. Natürlich hat es nichts zu tun mit dem zufällig gleichlautenden Plural von *Solo* aus dem musikalischen Bereich. Der Soli wurde als Steuerzuschlag eingeführt zur Stützung der Ostländer nach der Wende – und

**Solidaritätszuschlag**

**Abschaffung**
schrittweise
abschaffen **Soli**

**Einkommensteuer**

Abbau**Chor**
**Aufbau Ost**
**Orchester**

**Milliarden**

**Soli Deo Gloria**

nicht so schnell wieder abgeschafft. Darum stets umstritten. Hier widmen wir uns ihm aus einem anderen Grund.

Die Ansicht scheint verbreitet, wenn Menschen wüssten, dass mit zwei Wörtern das Gleiche benannt werde, dann würden sie rational gedacht keines bevorzugen. Kahneman und Tversky wiesen in Experimenten nach – was wir uns schon denken –, dass die jeweilige Formulierung ein mentales Framing schafft, in dem Menschen das für sie negativ Formulierte eher meiden gegenüber dem positiv Formulierten. Wahrscheinlich sollte die Akzeptanz für *Solidaritätsbeitrag* höher als für *Solidaritätszuschlag* sein, wo es um das Gleiche ging, wie übrigens jeder weiß. Einen Beitrag leisten wir lieber als einen Zuschlag. Ob man da von Verhüllung sprechen sollte, kann man bezweifeln. Es geht um eine kognitive Struktur, mit der jedes Individuum selbst umzugehen hat, die es kennen sollte, wie die volkstümliche Geschichte vom leervollen Glas. Es ist schon halb leer, wenn man getrunken hat, und halb voll, wenn man anfangen will.

Und trotzdem scheinen viele den Soli nicht zu mögen.

Ja, wenn es ums Geld geht.

# Reichskristallnacht

Wieder so ein Wort, das ich in Anführungszeichen verkapseln sollte, aber nicht werde. Ich hoffe Sie wissen, was es damit auf sich hat. Auf jeden Fall wurde es zum Eigennamen für die brutalen Angriffe auf Juden, Ausraubung ihrer Geschäfte und Zerstörung ihrer Synagogen. Die Reichskristallnacht mit den Unmengen Glasscherben, überall auf den Straßen, die für manche wie Kristalle funkelten. Fünfzig Jahre später sollte sie mit dem Pseudonym *Pogromnacht* benannt werden.

Was war da los? Hatte unser Lemma über 50 Jahre verdeckt im Untergrund gewerkelt, konspiriert? Und wir Deppen haben es nicht gemerkt?

Wie groß war die Zahl derer, die von den Geschehnissen damals nichts gewusst hätten, obwohl die Splitter zerbrochener Scheiben die Straßen füllten? Vom Innen der Synagogen ganz zu schweigen. Kaum anzunehmen, man habe nicht gemerkt, dass dauernd Juden verschwanden. Wie viele haben damals nicht Bescheid wissen dürfen? Und wer es heute nicht weiß, wie könnten sie das Wort verwenden? Sollten sie glauben, das wäre lustig gewesen? Eine „fast gutmütige Wendung" habe ich gelesen. Verharmlosend? Es war kein Täterwort. Sollte nicht das klirrende Wort eher verstanden werden als ironisch kritische Bezeichnung für etwas, das sie getan haben? Hinterher, als man es öffentlich benennen durfte. Und wir so draus lernen oder bestätigt finden, was man mit Wörtern machen kann.

Beruhigend, dass viele das schon verstehen, immer verstanden haben. Aber die Jungen sind einfach zu blöd dazu? Hier lernen sie. Die Reinwaschung geht nun schon so weit:

> Die Novemberpogrome von 1938, die in der Nacht vom 9. auf den 10. November ausgeführt wurden, sind auch unter dem Begriff Reichskristallnacht bekannt.

Bei Wikipedia kein Eintrag mehr. Wurde wohl umgetauft. So weit sind wir mit der Vergangenheitsbewältigung.

## Blauhemden

Mit den Hemden hatte man es immer wieder. Warum wohl? Das Blauhemd war ein langärmliges Hemd, natürlich von blauer Farbe, mit Klappkragen, Schulterklappen und Brusttaschen. Hört sich schon ziemlich militärisch an.

Es gehörte in die DDR und zur FDJ. Das war die Freie Deutsche Jugend. Sie sollte sich politisch offen zeigen, zugleich kampfbereit (gegen wen wohl?), aber auch in der Tradition der Wandervögel mit der Liebe zur Natur. Ja, und was war mit den Frauen und Mädchen? Sie gehörten natürlich dazu, bekamen eben blaue Blusen oder Halstücher. Die Farbe blau, warum wohl?

Im Sinne der Gemeinschaft gab es nicht nur Gemeinschaftsabende, sondern auch große Aufmärsche wie zum Pfingsttreffen in Berlin. Die Masse brüllte „FDJ grüßt Berlin".

Das erinnerte manch Ältere an ähnliche Aufmärsche. Da wurde allerdings „Sieg Heil" gebrüllt. Und vielleicht waren sogar noch ein paar mehr unterwegs. Es war eben die Unfreie Deutsche Jugend: die Hitlerjugend. Auch sie hatten so ihre Hemden, natürlich brauner Farbe und sie hießen auch Braunhemden. Allerdings hatte dieses Braun sehr viel mehr Symbolgehalt. Es war die Farbe eines ganzen Staats, einer ganzen Epoche. Damals also *Braunhemd* auch im Duden. Jetzt nicht mehr. Aufklärung verpasst?

Hier könnte sich eine Farblehre anschließen. Wir wollen aber nur zu bedenken geben, ob die Farbe den Unterschied bringt. Natürlich nicht. Aber die Organisationen waren – obwohl vordergründig ähnlich – radikal anders.

## Stasi

Eine Abkürzung, die aus Anfangssilben ein gut sprechbares Wort macht. Also Staatssicherheit, die braucht natürlich jeder Staat. Hier aber geht es um eine Behörde, die dafür sorgt. Auch das dürfte so jeder Staat haben. Doch da gibt es die Guten und die Schlechten. Unsere Stasi hier gehört zu den schlechten. Sie gehört zur DDR wie die Henne zum Ei. Früher gab es eine offenere Version, die nach außen klarer auftrat: die Gestapo, die natürlich auch der Sicherheit diente und darum dem Reichssicherheitshauptamt unterstellt war.

In der DDR arbeitete die Stasi etwas verdeckter, wenngleich alle wussten, dass es sie gab. Es gab ja genügend Mitarbeiter. Vor allem geheime GMs und IMs, eben inoffizielle, die nicht angestellt waren, unentgeltlich arbeiteten. Einfach so?

Im Jahr 1992 habe ich Stasi zum Wort des Jahres gemacht, ein Wort, in dem sich DDR-Vergangenheit und BRD-Gegenwart spiegelten. In seiner Bedeutung dürfte Stasi in der DDR und in der BRD weit auseinandergelegen haben. In der DDR war die Stasi leibhaftig und griff ins Leben ein. In der neuen BRD wurde *Stasi* 1991 vielleicht zweihundertmal häufiger verwendet als etwa im Jahr 1987: Das Wort war der Shooting-Star der neuen Bundesrepublik. Es ging vor allem um Aufarbeitung – wie schon 45 Jahre vorher, wo sie angeblich so gut nicht gelang –, um die Vergangenheit: die Ehemaligen, die Ex- waren das große politische Thema. Für die Entstasifizierung waren 140 Kilometer Akten in der Gauck Behörde zu bearbeiten und auszuwerten.

Alle Akten sprechen Bürokratisch, eine Sprache, die wir nicht so gut verstanden.

> Betr. : Löschauftrag.
> In Fortführung der Durchsetzung der Minimierung der Aufgaben des AfNS als Rechtsnachfolger des MfS und infolge des Wegfalls der Bedingungen, die zur Bearbeitung verschiedener Personen geführt haben, sowie zum Schutz der Quellen wird der Bestand an IM-Unterlagen reduziert. Dazu ordne ich an: Die in der Anlage aufgeführten Akten sind der Verkollerung (Haus II, Keller) zuzuführen und die betroffenen Personen sind aus den Speichern der Abt. XII zu löschen.
> Termin: sofort
>                         Verantwortl.:
> Ltr. Abt. XII Ltr. der IM-führenden DE

Da sehen Sie, was die Stasi so mit Personen machte.

Und hier, was sich so um die Stasi rankte.

Verdacht Leute ehemalig Kontakt Mitarbeit Schützenhilfe Erich Spitzel Sicherstellung Seilschaft Stasi Mielke Offizier früher Listen Akten

# Wende

Wenden gibt es immer wieder. Auch regelmäßige wie die Jahreswende.

So auch in der – jetzt als Wort des Jahres – frequenten übertragenen Verwendung, die sozusagen aufgeladen wurde durch die Wende – eine Erscheinung, die in der Politik öfter reklamiert wurde und wird, so etwa nach 1945 und beispielsweise von Helmut Kohl, der ja schon 1980 eine moralische Wende herbeizuführen versprach (eine Halse gar?), was er vielleicht auch vollbracht hat (in welche Richtung?), die aber im Moment eher Eigennamencharakter angenommen hat für eben jene Wende 1989, die letztlich zur deutschen Einheit führte.

Ein schöner langer Satz. Gell?

Wann denn hat sie begonnen? Wie lange hat sie gedauert? Etwas strange gefragt. Montagsdemo in Leipzig 9. Okt. 1989? 70 Tage lang ab dem 40. Jahrestag der DDR? Oder der Tag der Tagung, die Egon Krenz einleitete mit den Worten: „Mit der heutigen Tagung werden wir eine Wende einleiten."

Und vor allem: Was war sie? Eine Revolution oder ein Umsturz? Eine Reform oder Erneuerung? Die Umgestaltung der DDR? So weit, dass es sie gar nicht mehr gab? Am Ende stand die Wiedervereinigung und die war nicht strittig – zumindest so arg nicht. Von Anschluss war auch schon mal die Rede. Das aber weckte schlimme Erinnerungen an die Nazizeit. – Und war vielleicht auch so gedacht.

Die hierzu gehörigen Wendehälse waren und sind benennbar. Es sind Politiker, die vor wie nach der Wende systemkonform waren. Für die seinerzeit entnazifizierten Systemkonformen wählte man dieses Wort noch nicht, wenngleich man auch bei ihnen sagen könnte, dass sie sich treu blieben und nur das System sich geändert hatte.

Wenn wir Menschen doch alle Wendehälse hätten, dann könnten wir Rundumschau halten, dann würde nicht so viel hinter unserem Rücken passieren. Und wir könnten rundum offen sein.

Wenn Sie heutzutage recherchieren, stoßen Sie kaum noch auf jenen Vogel Wendehals, der seinen Kopf um 180 Grad drehen kann. Die übertragene Bedeutung dominiert. Aber schon dieses Wort folgte einem üblichen sprachlichen Verfahren, nach dem wir irgendetwas Auffälliges als Benennung des Trägers verwenden. Sollten sie nicht Artenschutz bekommen?

Es heißt, dass sogar Blockflöten sich als Wendehälse versuchten. Aber: „Wer bei Honecker Blockflöte gelernt hat, kann in keiner Demokratie die erste Geige spielen", hieß es dagegen in einem Aufruf des Bündnis 90. Das blieb wohl nur eine Forderung. Blockflöten sind die Genossen einer DDR-Blockpartei, die die herrschende SED stützte. Inspiriert also durch Block wurde das Wort auf Menschen übertragen. Auch wenn sie nicht gerade die erste Geige spielten, mitspielen taten sie allemal.

Und bedenken Sie:

Vorwärts immer,
Rückwärts nimmer.
Doch am Ende
Kommt die Wende.

## Deutsch-Deutsch

Die Deutsch-Deutschen müssten wohl die deutschesten Deutschen sein. So war das aber nicht gedacht. Eher wird damit ein Unterschied vorausgesetzt. Die Doppelung fing an mit den beiden Staaten auf deutschem Boden (im Boden wurde offenbar doch noch eine Einheit gesehen). So gab es dann auch die deutsch-deutsche Grenze. Über die waren schon früh rund zwei Millionen Menschen gegangen. Berühmt wurde so die niedersächsische Kleinstadt an der deutsch-deutschen Grenze.

Aber auch auf anderen Gebieten spielte das Deutsch-Deutsche eine Rolle. So kam die Idee für das erste deutsch-deutsche Wörterbuch auf. Wurde auf beiden Seiten schon so anders gesprochen? Auch in Slogans wurde Gemeinsamkeit beschworen: „Es lebe die deutsch-deutsche Freundschaft".

Viel Bewegung kam in das Verhältnis ab den 70ern. Vor allem 1971 die Unterzeichnung des deutsch-deutschen Abkommens über den Transitverkehr zwischen Bundesrepublik und Berlin-West. Da war dann einiges möglich, was die deutsch-deutsche Freundschaft fördern konnte. Transitwege und verplombte Gütertransporte ohne Kontrolle. Nicht frei von Emotionen waren deutsch-deutsche Begegnungen.

Endlich 1989 bahnte sich etwas echt Deutsch-Deutsches an. Etwa, dass Gorbatschow keine Bedenken gegen eine weitere Entwicklung des deutsch-deutschen Verhältnisses erhebt. Und letztendlich: In der Nacht vom 9. zum 10. November wurde die Mauer auf breiter Front durchlässig gemacht. Dramatische Veränderungen entlang der deutsch-deutschen Grenze folgten. Und die Hoffnung spross: Ein deutsch-deutscher Währungsverbund, letztlich eine Währungsunion, würde den Wohlstand in der DDR wachsen lassen.

Seitdem scheint das mit dem *deutsch-deutsch* geregelt. Oder?

## Glasnost

Der Glasnost erschien fast immer zusammen mit seiner Schwester Perestroika. Beide waren Migranten*. Sie erhielten alsbald Asyl. Ja, sogar die Staatsbürgerschaft und gleich die doppelte: hüben und drüben. Gorbatschow hat mit beiden Mitte der Achtziger was angefangen. Ihm ging es um Offenheit und Umgestaltung für sein Land und die ganze Welt, zu der ja auch die DDR gehörte. Demgemäß flammte großes Interesse in der DDR-Bevölkerung auf. Die Apparatschiks versuchten, es runterzukochen. Es sei nur eine Schönheitsreparatur. Und Umgestaltung hatte sich die SED schon lange aufs Panier geschrieben. So die sozialistische Umgestaltung der Landwirtschaft oder des Fachschulwesens. Und immer mit diesem passenden Adjektiv.

Jetzt aber zeigte sich die Kraft der Migranten und die Brisanz neuer Wörter, die mit Leben zu füllen waren. Und viele wollten den beiden Asyl gewähren und mit ihnen zusammenleben. Ihnen klang wohl noch im Ohr „Von der Sowjetunion lernen, heißt siegen lernen." Auch wenn es die alsbald nicht mehr gab. Auf jeden Fall war die Gorbimanie bis hin zum Gorbasmus angekommen und endete letztlich mit der Wiedervereinigung.

*Das ist hier schwer zu gendern. Denn bei ihm war das Genus nicht so deutlich. Migrantenwörter bringen ihr Genus oft mit. Aber wer konnte schon Russisch, hier jedenfalls. Der Duden macht es jetzt feminin. Das scheint späte Erfindung. Im Zuge des Feminismus? Zur Zeit der Einreise war er artikel- und genuslos. Man konnte ihm nach dem Sinn, also dem Genus der Übersetzung eins beilegen: *die Transparenz, die Offenheit*. Bei ihr hingegen war es einfach: Das -a am Schluss hat's gebracht.

## Besserwessi

In kurzer Zeit war das Wort in die Dudenliga aufgestiegen.
Das Wort ist ein dicker Tropfen Sprachkonzentrat, in dem
sich Stimmungen der neuen Bundesländer und innenpoliti-
sche Spannungen kondensierten. *Besserwessi* hat natürlich
*Wessi* als Grundbestandteil. *Wessi* stammt aus der DDR, aus
einer Zeit, in der Wessis und das Wessitum dort vor allem
aus dem Fernsehen bekannt waren. 1989 und 1990 kam der
Wessi in die Medien, hier im Kontrast zum Ossi. Durch den
Kontrast der Altländer zu den Neuländern hat die Wessi-Ossi
-Gegenüberstellung ihre volle Schärfe erhalten.
Spiegel der Vorurteile sind Witze. Sie sind Zeichen intensiver
Beschäftigung und Bewältigung. Erst böse aus dem Westen:

Treffen sich zwei Ossis bei der Arbeit.

Dann nicht minder zurück:

Unterhalten sich zwei Ossis: „Kennst du den Unterschied
zwischen Gott und Wessi?" „Gott weiß alles, Wessi weiß
alles besser."

Laut Umfragen nach der Wende (Emnid) sah der Ossi den
Wessi als überheblich, gönnerhaft und arrogant, er sei scharf
aufs Geld, gebärde sich oft wie ein Besatzer und entscheide
über die Köpfe der Ossis hinweg. Er demonstriere dem Ossi
selbstgefällig, dass seine überlegene Ideologie und sein
effizienteres System obsiegt haben.
Ob das jetzt aus dem Konjunktiv raus ist? Wenn nicht der
Kontrast zwischen Ost und West, so ist doch die Häufigkeit
der Verwendung von *Wessi* dramatisch zurückgegangen.
Ein gutes Zeichen!

## Mauerspechte

Am 15. Juni 1961 sagte Walther Ulbricht: „Niemand hat die Absicht, eine Mauer zu errichten." Am 13. August war es dann so weit. Doch Ulbricht hat Wort gehalten: Errichtet wurde ein antifaschistischer Schutzwall und ein Friedensbollwerk von innen gesehen. Von außen eher eine Schandmauer oder Angstmauer – oder doch auch von innen?

Wir machen einen Sprung zu den Mauerspechten. Der Mauerspecht, auch Mauerläufer gehört zur Spezies der Klettermeisen. Wer nach der Wiedervereinigung als Touri das Bauwerk, das Denkmal, den Betonwall, das Monstrum besichtigte, konnte ihr Tack-Tack vernehmen. Gar ihr heiteres Konzert. Sie waren auch schon früher am Werk, da sie sich vom Westen aus am Volkseigentum vergreifen konnten. Das war ein besonderer Genuss.

Nun aber war die Mauer offen. Überall klopften die Mauerspechte aus aller Welt bunte Bröckchen zur Erinnerung raus, entrissen dem Grenzbollwerk Erinnerungsstücke. Vermehrten sich fruchtbar. Von der angeknabberten Mauer blieben nur Eisenträger übrig. Da waren sie schon zu so genannten Mauerspechten geworden, die einst professionellen Spechte. So enden Symbole. Alle Spuren, die von ihrer Vergangenheit hätten erzählen können, gingen verloren. Jetzt ist das Zeug rar, kommt ins Mauerspecht-Museum.

Irgendwie traurig, dass ein Abschnitt an der Bernauer Straße gesichert werden musste, um ihn vor Mauerspechten zu schützen. Gerade da, wo 1961 die Fliehenden aus den oberen Stockwerken in die Freiheit gesprungen sind.

Später haben sich die Spechte über die Lenin-Statue hergemacht und verkaufen Stücke draus.

Nach der Wiedervereinigung waren im reichen Tierleben auch die Mauerhunde. Sie wurden arbeitslos, weil da nichts mehr zu überwachen war. Wurden aber deutsch-deutsch weiterbeschäftigt.

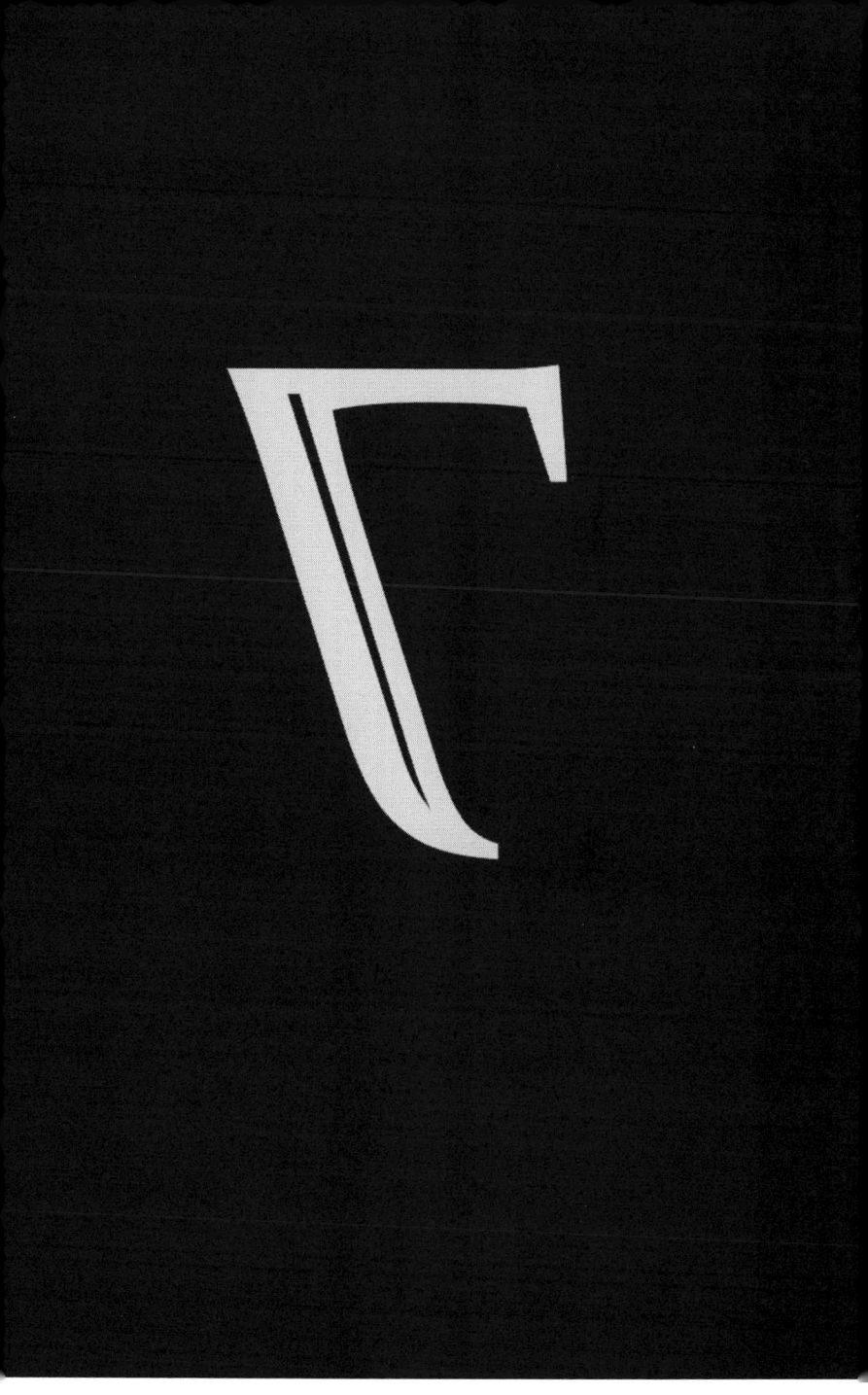

# Antifa

*Antifa* – ein Kürzel wofür? Kürzel sind historisch wunderbar flexibel. Durchgehend hat es zu tun mit Antifaschismus. In den 30ern, als Reichsbanner und Antifa, brüderlich vereint, ihre Marschbereitschaft ankündigten, forderte die Antifa: „Generalstreik jetzt!". Doch die Antifa blieb ein Nischenthema, meint die ZEIT. Natürlich in der Nazizeit.

Sprachkritisches Highlight der 60er Jahre war die antifaschistische Sprachkritik. Das erscheint relativ spät nach der Stunde null im Jahre 1945. Im Mittelpunkt standen Viktor Klemperers Aufzeichnungen aus der Nazi-Zeit und das Wörterbuch des Unmenschen. Vordergründig war die Sprache Ziel der Kritik, aber es ging um Ideologiekritik. Aufgespießt wurden Wörter wie *Sonderbehandlung* oder *artfremd*, die im Nationalsozialismus in besonderer Weise verwendet wurden. Ziel:

- Analyse und Aufbereitung des Nazi-Sprachgebrauchs,

- Erinnerung und Wachhaltung für künftige Generationen.

Man pflegte eine Art Erinnerungskultur, die bis heute weiterlebt und schützen soll vor der Reanimierung des Fascho-Jargons und des Faschismus. Doch die Behauptungen, die Nazis hätten ihre eigene Sprache gehabt oder die deutsche Sprache sei infiziert, wurden schnell widerlegt.

Jetzt lebt die Antifa wieder. Für Gruppierungen der linken bis linksextremen Szene und oft von außen zudefiniert. Vor allem vor dem Anwachsen von Neonazi-Aufmärschen. Drum stellte die AfD-Fraktion auch im Bundestag einen Antrag zum bundesweiten Verbot der Antifa.

Dann kam sie nach USA. Etwa die Proteste von Black Lives Matter. Da zwitscherte Trump, die Antifa sei Schuld an Gewalt bei den Protesten. Und beim Sturm aufs Capitol? Flexible Kürzel allemal. Und klangvoll?

## Anti-Baby-Pille

Die Pille erblickte in den 60ern das Licht der Welt – wenn man so sagen darf. Ab dann galt:

Ogino und Knaus
Aus die Maus!

Manche wollten ihr das böse *Anti* anhängen, hatten aber nicht recht Erfolg. Trotz *Pincus-Pille* oder irgendwas mit scheinverständlichem *Kontrarezeption*. Auf jeden Fall kam sie ganz schnell unters Volk. Der Papst hat natürlich auch was dazu gesagt. Ich weiß nicht mehr, welche Nummer.

Die Pille wird gesehen im Zusammenhang der Befreiung der Frau. Die amerikanische folk-Sängerin Loretta Lynn brachte es später auf den Punkt:

There's a gonna be some changes made
Right here on nursery hill.
You've set this chicken your last time,
Cause now I've got the pill.

Und in vielen anderen historischen Zusammenhängen, etwa bei den 68ern und ihren Kommunen, dann die Sexwelle bis hin zur Sexplosion, die Idee der Aufklärung im Schulunterricht und die Realität von Gruppensex.

Auf jeden Fall kam *Sex* jetzt so richtig in die Gänge, wo das Wort vorher eher zitativ verwendet wurde – außer Sex-Appeal, den es schon länger gab.

Der BGH, der schon viele Donnerwörter sprach, hat laut Spiegel seinerzeit den „nicht-ehelichen Austausch von gewagteren Zärtlichkeiten" als Unzucht bezeichnet. War das nicht ein schönes Synonym für *Sex*?

Sie merken schon, eine endlose Geschichte. Als eine Fortsetzung der Befreiung können wir die Kommerzialisierung als Porno ansehen.

## Schickimicki

Ein modernes Allerweltswort. Jedenfalls erst mal, was die Grammatik angeht. Meist kommt es im Plural *die Schickimickis*. Da ist das Genus nicht zu erkennen. Im Singular ist es oft erkennbar *der Schickimicki*. Aber ist es damit sexussensitiv? Schwer zu sagen. Wir finden auch den unbezeichneten Plural *von Schickimicki und den Neureichen*. Gar keine Personenbezeichnung liegt vor in *reinstes Schickimicki, ganz ohne Schickimicki*. Das scheint eine Art Sammelwort oder Massenomen. Auffällig ist, dass alsbald das Adjektiv entsteht, klingt auch oft ein bisschen schickimicki.

Und zur Bedeutung: Ähnlich flexibel? Irgendwie steckt wohl *schick* drin. Aber bei Kleidung bleibt es gar nicht. So leicht ist die Bedeutung nicht zu geben. Und das ist auch der Sinn solch leicht abwertender Wörter. Man kann sie verwenden, wie man es braucht. Das sanft Abwertende ist entscheidend und wird verstanden.

Schließlich noch die Frage: Was hat es mit dem *-micki* auf sich? Eigentlich nichtssagend. Das Wort ist gebildet nach dem Wischiwaschi-Prinzip so wie *Heckmeck, ratzfatz, Krimskrams, Mischmasch, Larifari, Techtelmechtel, Kribbeskrabbes*. Vielleicht wollen Sie sich selbst versuchen?

1. Für ein einfaches Wischiwaschi nehmen Sie eine Wortwurzel, machen eine Kopie davon und tauschen den ersten Buchstaben aus. Das geht ruckzuck.
2. So ein einsilbiges Wort hat natürlich einen Vokal in der Mitte. Den Vokal kann man auch austauschen in der Kopie. Auch das führt nicht nur zu Schnickschnack.
3. Nun verlängern Sie das Ganze etwas. Sie nehmen Zweisilber und verfahren analog. Auch das kein Hokuspokus.

# RAF

Mit RAF, auch Err-A-Eff, ist lexikonartig gesprochen von einer (politisch motivierten?) Terroristen-Gruppe die Rede, die seit den frühen Siebzigern eine große Zahl von Verbrechen beging: Viele Bankraube und Morde. Sie wütete über 20 Jahre und hatte bis zu 70 Mitglieder. Endete – wie es hochgegriffen heißt – mit einem Friedensangebot 1992.

Ihr Konzept war Stadtguerilla, sie fühlte sich als revolutionäre Avantgarde. Auf ihrer Fahne: „Der antiimperialistische Kampf gegen den Staat! Den westdeutschen Imperialismus angreifen!" Ihre Aufrufe wimmelten entsprechend von Kriegsvokabular. Ihnen war klar: Aufgrund der herrschenden Repression sehen wir uns gezwungen, illegal zu arbeiten, in den Untergrund zu gehen. Und was da so im Geheimen alles abging, hat die Öffentlichkeit stets beschäftigt. Die Geschichte der RAF in der Bundesrepublik kann ich hier nicht annähernd darstellen. Sie stand über Jahrzehnte im Mittelpunkt deutscher Politik.

Die RAF ging zurück auf die Baader-Meinhof-Gruppe. Deren Kern Andreas Baader, Ulrike Meinhof, Gudrun Ensslin und . . . und . . . und . . . Dieses und andere Unds verfolge ich hier nicht. Irgendwie gerät man in ein Mycel der 60er und 70er Jahre mit den Stichwörtern *Bekennerschreiben, Berufsverbot, Radikale(nerlass), Bewegung 2. Juni, Hochsicherheit, Isolationsfolter, Sympathisant*, dem wir uns wohl extra widmen müssen.

Wir kommen zu einem Aspekt des Sprachlichen – einem Nebenaspekt? Damals schwelte schon – nein kochte und brodelte – die Frage, ob man diese Typen weiter als Gruppe bezeichnen dürfe oder als Bande bezeichnen müsse. Da mischte sich auch ein Altgermanist ein. Er war der Meinung: unbedingt Bande! Da hätte er sich auf eine fundamentale Maxime der Kommunikation beziehen können (wenn er denn Ahnung gehabt hätte): „Sag das Spezifischste, was du weißt." Ja, und er wusste ja. Aber die anderen, die Vorsichtigeren, was sollten sie sagen?

In der Diskussion war damals, dass man sich eher justitiabler Ausdrücke bedienen sollte wie „kriminelle Vereinigung". Aber dann blieb immer noch die Frage, ab wann das juristisch festgestellt wurde. Sprachsensitive Medien tun sich da heute noch schwer, wenn sie von der Suche nach dem mutmaßlichen Mörder berichten. Besser ja wohl den wirklichen!

Und wie kam sie zu ihrem Namen, die RAF? Ein Kürzel für „Rote Armee Fraktion" nach eigener Benennung. Das eigentliche Motiv ist rätselhaft.
Fühlten sich RAFisten und -innen als Teil der Roten Armee der UDSSR? Eher nicht. Wollten sie sich bei den Russen anbiedern, eventuell Geld von denen?

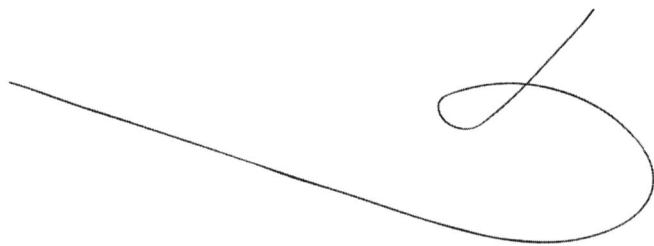

Das RAF-Syndrom war natürlich auch ein mediales. Über die Hetzrolle von BILD etwa kann man sich leicht informieren. Etwa anlässlich des Dutschke-Attentats. Noch heute kann man in der WELT lesen, die hätten damals die Springerpresse beschimpft. Ungeheuerlich!

**Presseschau zum Mythos der Hetze gegen Dutschke**
Dutschke und seinesgleichen sind verbummelte Studenten, die, wenn sie nicht gerade Revolution machen, auf der faulen Haut liegen, natürlich auf Kosten des Steuerzahlers.

Die Rufe „Schlagt ihn tot", „Lyncht ihn", „Hängt ihn auf" untermalten noch das Geläut der Freiheitsglocke, als ein junger Behördenangestellter als vermeintlicher Dutschke über den Platz geprügelt wurde, in einem Polizeiwagen Zuflucht fand, den der rasende Mob dann demolierte und umzustürzen versuchte.

Die Bildzeitung hatte Dutschke immer wieder als Rädelsführer dargestellt und neben seinem Foto unter dem Titel „Stoppt den Terror der Jungroten jetzt" verlangt, man dürfe nicht die ganze Drecksarbeit der Polizei und ihren Wasserwerfern überlassen.

Da kommt ein Kraftwort des CSU-Bundestagsabgeordneten Unertl gerade recht, der von Rudi Dutschke sagte, er sei eine ungewaschene, verlauste, verdreckte Kreatur. Und ebenso Straußens Beitrag zur Körperhygiene, der vom ungewaschenen und unrasierten Dutschke und von schmutzigen, linksradikalen Elementen sprach.

Wenn überdies Bild am Sonntag seine Meldung über den Gesundheitszustand von Herrn Dutschke nicht anders zu überschreiben weiß als „Dutschke flucht wieder", dann sehe ich darin einen Geist zynischer Inhumanität, wie ich ihn bei Herrn Dutschke selbst zu keiner Zeit gefunden habe.

# GAU

Der GAU war ursprünglich ein Rechenkunststück:
Der **G**rößte **A**nzunehmende **U**nfall.

Die Frage war: Wer sollte ihn berechnen? Und wer hätte ihn berechnet haben müssen, als er dann Wirklichkeit wurde – was wohl niemand angenommen hatte? Jedenfalls nicht am 26. April 1986 in Tschernobyl. Ein zynisches Geburtstagsgeschenk für mich? Jedenfalls kam allerhand an.

So recht rausgelassen haben die Sowjets nichts. Jedenfalls keine Information – nur radioaktiven Staub, der nach Westen wehte. Erst zwei Tage später wurde das in Schweden entdeckt. Die Satelliten-Fahndung zeigte uns dann die Quelle: Der ATOM/KERN-Reaktor von Tschernobyl stand in Flammen. Da war der GAU Wirklichkeit geworden – zumindest der der friedlichen Nutzung. Die anderen waren dieses Namens nicht würdig.

„Der GAU" wurde zum Eigennamen für die Katastrophe von Tschernobyl. Vorübergehend. Wenigstens bis Fukushima. Heute ist *GAU* auch Allgemeinwort für Katastrophen und das, was man als solche ansieht.

Wenn die eigene Mehrheit der Koalition in Gefahr wäre, könnte das zum GAU werden.

Oder hätte es nicht für Griechenland in der Eurokrise zum finanziellen GAU kommen können?

Und für uns hin und wieder zu einem organisatorischen der Bürokratie.

So wird dann schon mal der Teufel an die Wand gemalt.
Jetzt lesen wir gar von Apples und Googles GAU oder dem von Samsung. Warum gerade die? Sie leben doch verseucht wie unverseucht weiter.

## Störfall

Störfälle haben in der Öffentlichkeit nie so recht Aufmerksamkeit bekommen oder ihnen wurde keine geschenkt. Das hätte ja nur beunruhigt. Irgendwie gab es sie nicht. Bis . . .? Bis auf den Störfall bei der Sandoz? Er führte zur Verseuchung des Rheins, der verfärbte sich deutlich sichtbar blutrot. Nein, damals war das Wort gerade schon in der öffentlichen Welt, und zwar für etwas anderes als das, was nach Sandoz nur noch Betriebsstörungen heißen sollte.

Kürzel wie *GAU* oder Wörter wie *Entsorgung* und *Restrisiko* oder *die friedliche Nutzung der Kernenergie* waren schon als Euphemismen entlarvt, wie es hieß. Beschönigungen der Wahrheit! Auch von hochangereicherter Sprachverschmutzung war eingefühlt die Rede.

Der Störfall kam so recht ins Geschäft für die Reaktorkatastrophe, den GAU von Tschernobyl im Jahr 1986. Auch das sollte wohl mit der Vokabel heruntergespielt werden. Doch das Spiel kam nicht mehr an. Zu offensichtlich waren die Folgen. Damals schrieb ich dazu bisschen großspurig:

„Dieses Ereignis wird sich vielleicht als evolutionäre Wendemarke der Menschheit erweisen. Der Mensch hat unter Beweis gestellt, dass sein technisches Know how so weit entwickelt ist, lange ausreicht, um große Teile der Welt und der Menschheit zu kontaminieren und so die Existenz der Spezies zu gefährden."

Unser Stichwort aber bekam etwas Mode zu schnuppern. Auf einmal wurde deutlich, dass es in der Politik auch intellektuelle Störfälle gibt und ebenso bei Wahlprogrammen und Parteitagsbeschlüssen.

Neue Form der Öffentlichkeitsarbeit?

## Umwelt

Umwelt fängt nicht mit der Geburt an. Meine vielleicht doch? Nein, Umwelt gibt es schon immer – wir wussten es nur lange nicht.

Unser Stichwort taucht zuerst um 1800 in einem schwülstigen Gedicht des Dänen Baggesen und dann sogar bei Goethe auf. Und 1903 im großen Kneippbuch von Sebastian Kneipp mit den Klugheiten:

> Unter den äußeren Ursachen sind als erste zu nennen: eine zu harte Umwelt.
> In der zu harten Umwelt kann das Kind zur Neigung kommen, sich immer mehr selbst zu helfen.
> Die zweite äußere Ursache erblickt man in einer zu weichen Umwelt.
> Genau so schädlich wie die harte Umwelt ist das Gegenteil, ein Übermaß an Liebe, die dem Kinde entgegengebracht wird.

Etwas lustiger bei Strittmatter:

> Wenn das Geld reicht, trinkt Mampe-Bitter vier Tage hintereinander und schmückt sich seine Umwelt mit wasserklarem Wodka rosarot aus.

Ein Bedeutungssprung gelang dem Wort so in den 70ern. Es ging nun nicht mehr um die Umwelt Einzelner, deren Mittelpunkt sie waren. Um deine oder meine. Nun stand die Umwelt mit definitem Artikel im Fokus, eben die einzige, uns allen gemeinsame. Und damit sprang es als Schlüsselwort in die Liga der Wörter des Jahres.

Diese Verwendung des Wortes ist eng verbunden mit Klimawandel und drohendem Schicksal der Menschheit. Und darum fällt es schwer, die Fruchtbarkeit des Wortes als fruchtbar zu sehen.

Aber werfen Sie bitte trotzdem einen Blick nach rechts.

umweltbedingt, umweltbelastend, umweltbewusst, umweltbewußt, umweltfeindlich, umweltfreundlich, umweltgerecht, umweltneutral, umweltorientiert, umweltpolitisch, umweltrechtlich, umweltrelevant, umweltschonend, umweltschädigend, umweltschädlich, umweltverträglich, umweltzerstörend, umweltökonomisch

Umwelt zerstörend, Umweltabgabe, Umweltaktivist, Umweltamt, Umweltanalyse, Umweltarchäologie, Umweltaspekt, Umweltauflage, Umweltauswirkung, Umweltauto, Umweltbeauftragte, Umweltbedingung, Umweltbehörde, Umweltbelang, Umweltbelastung, Umweltbeobachtung, Umweltberatung, Umweltbereich, Umweltbericht, Umweltbewegung, Umweltbewusstsein, Umweltbewußtsein, Umweltbeziehung, Umweltbilanz, Umweltbildung, Umweltbundesamt, Umweltchemikalie, Umweltdatum, Umweltdelikt, Umweltdezernent, Umwelteinfluss, Umwelteinfluß, Umwelteinwirkung, Umwelterklärung, Umwelterziehung, Umweltexperte, Umweltfaktor, Umweltflüchtling, Umweltforschung, Umweltfrage, Umweltfreund, Umweltfreundlichkeit, Umweltgefährdung, Umweltgeschichte, Umweltgesetz, Umweltgestaltung, Umweltgift, Umweltgipfel, Umweltgruppe, Umweltgut, Umwelthygiene, Umweltinformation, Umweltkatastrophe, Umweltkennzeichen, Umweltkonferenz, Umweltkosten, Umweltkrankheit, Umweltkriminalität, Umweltkrise, Umweltlobby, Umweltlobbyist, Umweltmanagement, Umweltmanagementsystem, Umweltmedizin, Umweltminister, Umweltministerin, Umweltministerium, Umweltmonitoring, Umweltorganisation, Umweltpapier, Umweltpartei, Umweltplakette, Umweltplanung, Umweltpolitik, Umweltpolitiker, Umweltpreis, Umweltproblem, Umweltproblematik, Umweltprogramm, Umweltprojekt, Umweltprämie, Umweltprüfung, Umweltqualität, Umweltrecht, Umweltreiz, Umweltressort, Umweltrisiko, Umweltschaden, Umweltschutz, Umweltschutzgesetz, Umweltschutzgesetzgebung, Umweltschutzgruppe, Umweltschutzkosten, Umweltschutzmaßnahme, Umweltschutzorganisation, Umweltschutztechnik, Umweltschutzverband, Umweltschützer, Umweltschützerin

## Waldsterben

Das Waldsterben wie das Wort machten in den 80ern Karriere oder sorgten für Furore. Beide bekamen mediale Öffentlichkeit, kamen in die Schlagzeilen.

Das Waldsterben konnte man spezifizieren in Tannensterben und Ulmensterben und bestimmt noch andere. Vor dem Rest muss die Betrachtungsweise nicht halt machen. Da wäre auch das Insektensterben, das Fischsterben, das Robbensterben und das ganze Nordseesterben, gar das Zechensterben und eben das umfassende Artensterben. Sterben konnte dann so ziemlich alles. Das wollen wir damit nicht entdramatisieren. Vielleicht muss man wenigstens ein mediales Drama versuchen. Und wenn man schon im Metaphorischen war, lag auch der Waldmord (den meine Rechtschreibprüfung gar nicht mag) nicht fern. Da wurde auf die anonymen Täter aufmerksam gemacht.

Damals wurde das Ganze auch durch die Ost-West-Brille gesehen. Aus DDR-Sicht handelte es sich um eine Erfindung westlicher Medien. Leider konnte man es aber mit bloßem Auge sehen, vor allem von Bayern aus mit dem Blick in die Tschechoslowakei, die es damals noch gab. Sie schickte auch Industrieabgase aus Nordwestböhmen, die zusammen mit der Trockenheit als Haupursache für den sauren Regen und das Waldsterben gesehen wurden. Ein mediales Wunder, dass nicht argumentiert wurde, der Wald könne gar nicht sterben. Nur Lebewesen könnten sterben.

Auf jeden Fall war auch etwas bedächtiger von neuartigen Waldschäden oder kränkelndem Gehölz die Rede. Jetzt aber geht das Baumsterben weiter: Biber und Misteln. Auf ganz natürliche Weise natürlich. Die Lehre insgesamt:

Auch vorm deutschen Wald
macht Klimawandel nicht mehr Halt.

Kern-

Gift- Müll-

Umwelthysterie

Tschernobyl Störfall Atom-

Treibhauseffekt Umweltbewusstsein

GAU

Waldsterben Entsorgungspark

zivile Nutzung Atommolke GAU

Lebensqualität Naturschutz friedliche Nutzung

Supergau Strahlenmolke entsorgen Giftkrieg

Umweltschutz Fischsterben Heimatschutz Ozonloch

Ökologie

Katastrophe Schadstoffe Seveso

Atomangst Atomeuphorie Havarie environment

Sandoz-Rheinvergiftung Störfall Restrisiko Umweltverschmutzung

umweltfreundlich Becquerel Smog Rauchnebel Umweltverschmutzung

Gift-

Müll-

Kern-

# Asyl

Bei den Betroffenen kann und sollte man schon unterscheiden: *Asylanten, Einwanderer, Fremde, Heimatvertriebene, politisch Verfolgte, Scheinasylanten, Spätaussiedler, Übersiedler, Verfolgte, Vertriebene*. Nicht nur unterscheiden, auch begründen, wie zu unterscheiden wäre und was das jeweilige Spezifikum. Das würde hier etwas weit führen.

Mit der Ausweisung Deutscher aus Polen, der Tschechoslowakei und Ungarn wurde ein Typus geschaffen, der zwar kein Asyl brauchte, der aber doch häufig als Flüchtling empfangen wurde. Immerhin so zwölf Millionen Menschen. Dort waren sie richtige Deutsche und nicht immer sehr geschätzt. Hier erhielten sie das Gütesiegel „Heimatvertriebene" und konnten sich im Zeichen des Wirtschaftswunders ganz gut integrieren. Ja, sie organisierten sich und hatten nicht geringen Einfluss auf die Politik jener Zeit.

Die Asyldebatte entbrannte später. Wieso Debatte? Ja, die Asylanten und Asylbewerber. Da kann man lesen: „Es ist semantisch unklar, was das Wort bedeutet". Ein „Unwort" ohne Bedeutung? Das gilt bestimmt für *Scheinasylant*. Und diese Bezeichnung ist gerade deshalb so gut geeignet für Diskriminierung. Jeder macht sich sein eigenes Bild – und ist damit auch für das Bild verantwortlich. Ein Selbstbild?

Waren es nicht Politikerinnen und Politiker, die die Begriffe von Scheinasylanten, von Flüchtlingsströmen, von Wirtschaftsflüchtlingen, vom Asylmissbrauch, von asylfreien Zonen, von Durchmischung und Durchrassung in die Debatte brachten? Der Missbrauch des Asylrechts im Missbrauch als Wahlkampfthema.

Gegenüber die Kehrseite des Asyls und einige Namen, die auftauchen, wenn wir von Exilanten der Nazidiktatur reden.

Max Beckmann
Franz Josef Herzfeld (J)
Arnold Schönberg Wassily Kandinsky
Musil Hermann Kesten Oskar Kokoschka Georg Grosz Alfred Döblin Ernst Bloch Nelly Sachs Walter Benjamin

Robert Zweig
Lang
Brod
Fritz
(Helmut) Max Stefan Mann Ernst Toller Theo Balden Thomas Ernst Kirchner Ludwig Max Ernst Peter Weiss Albert Einstein John Heartfield Clement Moreau Kurt Schwitters

Walter Hasenclever René König Paul Zech Lion Feuchtwanger Heinrich Mann Heinrich Brüning Willy Brandt
Herbert Wehner Hellmut von Gerlach Carl Spieker Hermann Rauschning Gottfried Treviranus Kurt Tucholsky
Georg Kaiser Hellmut Johannes R. Becher Walter Ulbricht Willi Münzenberg Paul Westheim
Arnold Zweig Kurt Weill Oskar Maria Graf Ludwig Marcuse Anna Seghers Otto Klemperer

# La Ola

Dies endlich eine erfreuliche Bildung. Zuerst ein Import, sogar das Wort. Also ein Internationalismus. Und worum es geht. Es ist der gelingende Versuch, eine Menge zwischen vierzig und hundert tausend zu einer gemeinsamen, wohlkoordinierten Handlung zu bringen. Und es funktioniert (bis auf vielleicht kleine Ausreißer) und – oh Wunder! – das gemeinsame Produkt wird Wirklichkeit.

Was Mücken in flirrenden Schwärmen, was Gänse in schwirrenden Flugformationen zustande bringen, das gelingt nun intelligenten Menschen. Und nicht wie beim Stau auf der Autobahn, an dem gewöhnlich jemand schuld ist. Nein, die Schuldfrage taucht hier nicht auf.

Einzelpersonen als Einpeitscher sind schon mal wichtig, um die Ola und die richtige Stadion-Stimmung zu schaffen. So schwappt dann die Welle mehrmals durch das ausverkaufte Stadion.

Übrigens, ein Sportpsychologe hat empirisch erforscht und bestätigt, dass Geklatsche, Grölen und La Ola die Mannschaft tatsächlich in den Sieg treiben.

Jedoch als schlimm wird gesehen, wenn eine Gelbe Karte zum beklatschten Ereignis wird und gar eine La Ola hervorruft. Versuche mit La Ola im Kino sind jedoch neuerdings gescheitert. Dafür sind die Kino-Sitzreihen denn doch ein bisschen zu eng.

Aber: Feiert euch selbst mit Bier und Cola – und La Ola!

Nicht-Schwerhörige müssen bisschen aufpassen:

La Ola, Deutschland-Chöre und die Tröten
Können jeden Nerv dir töten.

## Avatar

Ein Produkt der virtuellen Welt. Es geht um eine alternative Identität, die sich eine Person in der virtuellen Welt zulegt. Im virtuellen Spiel schlüpft jeder in einen künstlichen, von ihm selbst geschaffenen Avatar. „Second life" soll ja schon mal (fast?) Wort des Jahres gewesen sein. Zuerst waren es vielleicht nur kleine Bildchen, auch Pseudonyme in etwa. Dann aber Personen, die – wen wundert's? – eben doch im Original steckten, nur als Traumkopie ausgelebt wurden. Man selbst als Avatar – eine Form der Selbstdarstellung und Selbstverwirklichung.

Ein Avatar ist sexusneutral, *der Avatar* nicht genusneutral. Wäre *das Avatar* besser gewesen? Das könnten wir noch schaffen. Aber nach Person klingt es nicht mehr. Also die Avatarin?

In der Welt wie in der Sprachwelt ist die absolute Neuerfindung sehr, sehr selten. *Avatar* und der Avatar kommen aus dem Hinduismus: der Avatar Vishnus, der wiedergeborene Rama, die körperliche Manifestation eines Unsterblichen. Von da auch das Genus.

Im Film führen die Avatare ein zweites Leben, in einer alternativen, avatarischen Welt, die selbstverständlich bizarr und etwas besser als die schnöde unsere ist, in der sie endlich echte (!) Liebe erleben. Escapismus kann man das auch nennen.

Würden Sie sich eintauschen gegen eine andere Person, weil die etwa jünger oder klüger ist? Überlegen Sie im Ernst.

Und wenn wir auf den Hinduismus zurückgingen? Der Avatar als menschliche Inkarnation des höchsten göttlichen Wesens. Ja, wer wär das nicht gern!

Ist es nicht wunderbar,
Doppelt und dreifach zu leben als Avatar?

# Rechtschreibreform

Rechtschreibung eng verbunden mit dem Namen Duden. Eigentlich eine Gleichung. Sein Slogan damals: „Schreib, wie du sprichst". Das wäre verheerend gewesen. Aber natürlich war Konrad so doof nicht. Er wandte sich gegen verquere Schreibungen wie *Shawl* (hat uns aber *Vieh* gelassen).

Die Grundidee einer Orthographie ist, dass jedes Wort in jedem Vorkommen gleich geschrieben wird. Es ist das Prinzip der Wortkonstanz. Da hatte die von Duden noch ein paar Macken wie *Schloß – Schlosses*. Schwierigkeiten gab es noch mehr, vor allem für die Schulkinder. Drum gab es seit 1954 bei Experten Reformbemühungen. Als 1988 moderate Vorschläge (die kleinschreibung wurde nicht vorgeschlagen) einer größeren Öffentlichkeit vorgestellt wurden, initiierte vor allem die FAZ einen medialen Shitstorm. Darin spielten Phantomwörter ihre Rolle:

> Echt etzend, wenn der Keiser Bot fehrt oder im Mei seine Feilchen pflückt und sich dabei reuspert.
> Da greifen die Frefler in die Seiten.

Aber so richtig los ging der Orkan im neuen Jahrtausend, als die Neuregelung für Schulen verpflichtend wurde. Ein echter Kulturkampf – scharf mit dem scharfen s geführt. Die deutsche Sprache stand auf dem Spiel. Die Rechtschreibreform verteufelt als Produkt einer Verschwörung. In der Hitze des Gefechts wurde prinzipiell der Unterschied zwischen Sprache und Schreibung vermusselt.

Ein Nebeneffekt ging im Sturm unter, dass dem Duden die Herrschaft entzogen wurde und künftig Experten über Änderungen entscheiden. Und so macht der Duden sein eigenes Ding – wie schon immer. Auch bei den Bedeutungsangaben.

Ein guter Slogan bleibt stets:

„Schreib so, dass du gut gelesen werden kannst."

refform

rephorm

reechtschreeib
rechtschreiib

rechstchreib
rechhtschhreib
rehctshcreib
refugio
recchtscchreib

rreforrm
rechtschreb
rekhtskhreib
rechtzchreib    refprm
reforn    rechtschreib
reforen    rechtschrieb
refom    rechttschreib
reform    rachtschreib
    refoorm

reformm
rechtsschreib
rechtschreiib

rrechtschrreib
reschtschreib
rechtshcreib
reeform
reform

# Plagiat

Vor nunmehr 50 Jahren war *Plagiat* kein Hotword. In Korrekturen von Dissertationen haben kompetente Korrektoren schon mal bemerkt: „So schon XY 1931". Verändert hat sich das durchs Internet. Hinzu kommt die Idee, mit dem Plagiat stehle man geistiges Eigentum.

Vom Eisberg zur Spitze: Guttenberg hat sicher plagiiert, dreist geschummelt – und ein bisschen dumm. Die Aufdeckung gehörte zu den Obliegenheiten und zur Kompetenz der Gutachter. Frage, wer und wie das bei Guttenberg war? Welcher Art Gutachter?

Warum sind Plagiate eigentlich verwerflich? Wie gesagt: das geistige Eigentum. Was heißt da Eigentum? Der Schreiber hat ja seinen Text weitergegeben. Ein eigenartiges Eigentum. Mein Traum: Möglichst oft plagiiert zu werden.

Ein anderes Problem. Der ein oder andere Plagiatschnüffler mag sich des Charakters der Sprache nicht bewusst sein. Eine Sprache ist nichts Anderes als ein unendlicher Text. Darin gibt es identische Textstückchen und ähnliche. Da Plagiate solche Textstückchen sind, fragt sich: Wie lang muss so ein Schnippsel sein? Im Prinzip gilt, je länger umso seltener, umso leichter identifizierbar. Aber ab wann werden die Stückchen unik, gar Eigentum? Und wenn jemand das Gleiche wieder erzählt, ist das Plagiat? Und die Medien? Noch schwieriger, wenn wir ähnliche Textstückchen in Betracht ziehen. In Zeiten des Internets scheinen Plagiatoren bessere Chancen zu haben. Pasten ist einfacher als Abschreiben. In Zeiten des Internets haben sich auch die Detektive verbessert. Am Ende noch die Frage, woher denn ich das weiß, was ich weiß. Wir alle stehen auf den Schultern von Riesen.

Zu den Plagiaten spielen Sie etwas herum mit Google, was da so alles rumschwirrt. Suchen Sie im Netz mal:

„In Zeiten des Internets scheint der Plagiator"

## Multikulti

Spitzenwerte rund um 2000. Und in der Nähe *gescheitert*. Da kann aber im Kontext auch ein *nicht* vorkommen. Also nur Hinweis, dass Multikulti strittig ist.

Die Diskussion geht um Zuwanderung und die Grundfrage: Offenheit, Toleranz oder Abschottung. Doch auch der Kulturbegriff spielt dabei eine Rolle – könnte differenziert eine Rolle spielen. Nicht das Einkultur-Konzept im Schlagwort *Leitkultur*, so als gäbe es in Deutschland eine geschlossene deutsche Kultur. Früher als Propaganda natürlich.

Also Multikulti ist ein Kürzel für? So klar nicht: *Multikultur* oder *Multikulturalismus* oder *multikulturell* im Adjektiv *multikulti*. Und dann auch Menschen:

> Erich Fried, in seinen Gedichten Meister der archaischen Liebe, Sehnsüchtiger nach Weltrevolution, Schützer noch der Fliege, der kein Leids getan werden soll – ist der wahre Paraklet des Multikulti.

Hoffentlich wissen Sie, was ein Paraklet ist.

In den Neunzigern, 24 Stunden nonstop:

> Radio Multikulti: Die Identität der Zuwanderer bewahren und Integration in die deutsche Gesellschaft fördern.

Die Quadratur des Kreises? Ich erlaube mir, die Medienfunde fortzusetzen mit einer kleinen Sammlung von Meinungen:

> Multikulti ist out bei den Grünen.
> Was kommt nach Multikulti?
> Wer Multikulti einmottet, braucht neue Schlüsselbegriffe.
> Multikulti bewahrt uns vielleicht vor einem erneuten Rückfall ins Teutonisch-Dumpfe.

Bestimmt haben Sie Ihre eigene Meinung. Ein Argument:

> Nix gegen Multikulti, aber Sushi mit Kartoffelsalat oder Maultaschen mit Chili con Carne?

Ja, da wär ich auch nicht dabei. Too much fusion!

## Nicht-Deutsch

Die Nicht-Deutschen bilden einen großen Haufen in Deutschland. Und die Deutschen erst recht. Wer aber sind die Deutschen? Typische wohl die Bayern. In München. Die Hälfte meines Lebens lebe ich da – und bin kein Bayer. Kann zwar bissl Bairisch, das genügt aber nicht. Also auch die Bayern sind ein bunter Haufen. Man erkennt sie an den Lederhosen und dem Dirndl. Darum vermehrt sich zum Oktoberfest die bayrische Bevölkerung neuerdings immens. Temporär.

Und so dürfte das auch mit den Nicht-Deutschen sein. Ein bunter Haufen sowieso. Schon lange die Türken. Doch wer ist Türke? Wer Türkisch spricht? Oder nur kann? Oder wer Afghanin? Die Antwort wird gegeben über Pass und Staatsangehörigkeit. Da könnte der innere Haufen noch bunter werden. Und dann noch die mit der doppelten. Wo tun wir die hin?

Der Verdacht keimt auf, dass diese Betrachtungsweise einen Defekt hat. Und das hat sie. Doch scheinen wir sie irgendwie zu brauchen. Aber mit Vorsicht zu gebrauchen, bitte.

Wir müssen nur zwei Generationen warten, dann werden alle auf Deutsch Deutschende, Überdeutschende, eben deutscher als deutsch, die deutschesten, deutschigen Deutschlinge.

Sie werden wettdeutschen und Deutschgrammatik perfekt beherrschen.

Aber: Was heißt dann wir? Und welche Grammatik?

# Unwort

Alljährlich kürt eine Kommission von Spezialisten, unter Mithilfe der Bevölkerung, aber letztlich doch selbst: das Unwort des Jahres. So ein Unwort ist erst mal selbst eines. Eines war *Gotteskrieger*. Es sei eine Selbst- und Fremdbezeichnung der Taliban und al-Qaida-Terroristen. Ok, wenn irgendjemand das nicht gewusst hätte, könnte er es jetzt wissen. Aber vielleicht sehe ich damit, wie die sich und ihre Taten einschätzen. Wichtiger für uns sind die Argumente der Jury – wie sie sich selber zu nennen traut.

Bei einer Reihe von Unwörtern finden wir Kategorienfehler. Da werden Wörter mit satzartigen Einheiten verwechselt. Man könne mit einem Wort Frauen „pauschal und in inakzeptabler Weise" unter Verdacht stellen, man könne mit einem einen Kollektivschuldvorwurf machen, man könne mit einem Unwort gar ein Argument vorbringen. Letzteres wirklich die Besonderheit des Unworts?

Und dann gibt es die große Gruppe der abwertenden und beschönigenden, der diffamierenden und diskreditierenden. Unwörter können auch diskriminieren, Menschen ausgrenzen und wie immer schon verschleiern, irreführen, verharmlosen und beschönigen. Neuerdings kritisiert die Jury ausdrücklich „die in den Medien unreflektierte Nutzung dieses Wortes". Bei Letzterem könnte ich eine ansehnliche Liste zusammenstellen.

Ein Problem bei dieser Art Sprachkritik ist, dass die Jury glaubt, zu wissen, wie die Welt beschaffen ist. Etwa, wie unreflektiert Medien sein können. Ein anderes, dass sie sich nicht vorstellen kann, dass Sätze mit Unwörtern ein *nicht* enthalten können und dass es nicht an den Wörtern liegt, sondern an jenen, die sie im inkriminierten Sinn verwenden. Natürlich tut sprachliche Aufklärung not und gut. Aber wir hoffen, differenzierter und mit besseren Argumenten.

## Dem Genitiv sein . . .

Tod. So prognostiziert Bastian Sick, der sich des Genitivs angenommen hat, wenigstens im Titel-Slogan. Der Slogan stammt nicht von ihm, wenn auch durch ihn erst recht ins Leben und ans Publikum gekommen.

Das Buch „Der Dativ ist dem Genitiv sein Tod" ging innerhalb von zwei Jahren mehr als 1,5 Millionen Mal über den Ladentisch. Man rätselt, wer Sicks Publikum ist und wofür es sowas braucht. Fehler machen bei Sick immer die anderen – üblich in der Sprachpflege.

Im Gegensatz zu Sick mit seiner Fürsorge für den Genitiv gibt es auch die Liebe zum Dativ. So moniert ein anderer Pflegehelfer den ständigen Fehler in der Rektion von Präpositionen, so etwa *dank* mit Genitiv: *dank des Helfers*. Korrekt sei hier der Dativ: *dank dem Helfer*. Ok, wenn Sie da geholfen werden.

Wir könnten auch etwas Luft reinlassen und nicht so stur auf eine einheitliche grammatische Regel pochen. Oder einfach dank dem freiwilligen Einsatz von Linguisten das Ganze etwas lockerer sehen.

Als Sprachkritiker könnte man sich auch fragen: Geht es hier nicht eher wie bei des Genitivs Todeskampf um grammatischen Krampf?

Aufpassen muss man laut Sick, wenn eine Präposition vor einem unbekleideten Nomen steht. Ok, bisschen schief gelaufen.

Aber Sick schön selbstironisch:

Erbarme dich des Genitivs, bevor dir die Fälle davonschwimmen!

Für ihn sogar die Felle!

## Sterbehilfe

Länger war eine Diskussion im Gange über Sterbehilfe – oder was? Die Frage: Was ist Sterbehilfe, nicht was bedeutet *Sterbehilfe*? Sterbehilfe ohne das Wort, was wäre das? Es geht immer um das, was das Wort benennt. Indem man nun ein bestimmtes Wort gebraucht, stellt man sich schon ein bisschen auf eine Seite. Es ginge um Sterbehilfe, auch wenn man da anderer Auffassung ist.

Der Tod ist das zentrale Thema des Lebens. Was früher Selbstmord war, ist nun Suizid. Und Sterbehilfe sollte ja wohl Hilfe beim Sterben sein. Aber gewiss nicht Nachhelfen. Oder doch? Und bei welchem Sterben? Beim natürlichen oder beim Suizid?

In diesem Zusammenhang stellen sich moralische Fragen, manche sagen etwas weicher: ethische Fragen. Ethik ist auch eine Lehre, Moral ist harter Urgrund. Ob mir eine Ethikkommission verlässliche Auskunft geben kann, bezweifle ich.

Ein paar Differenzierungsversuche zur Diskussion:

Aktive Sterbehilfe vs. passive:

Wann setzt das Sterben ein?

Ist Maschinen Abstellen nicht aktiv?

Ist nicht weiter behandeln nicht aktiv?

Sind Unterlassungen nicht Handlungen?

Tötung auf Verlangen (§216 StGB):

Wie verlangt die todgeweihte Person die Tötung?

Wann verlangt sie sie? Wie lange vorher?

Bezugnahme auf künftige oder wahrscheinliche Ereignisse ist kühner noch als auf vergangene. Entscheiden in Gewissheit? Wir entscheiden unter dem Schleier des Unwissens:

„Der Mensch ruht in der Gleichgültigkeit seines Nichtwissens und gleichsam auf dem Rücken eines Tigers in Träumen hängend", heißt es bei Nietzsche.

# Maut

Das Wort ist alt und klang alt. Irgendwie stand es noch nie für was Angenehmes – wenigstens für die, die sie bezahlen mussten, die Maut. Die vielen. Anders allerdings für die, die sie bekamen, besser nahmen. Noch heute sehen wir die tollen Burgen entlang des Brenners.

Aber überlebt hat das ganze System erst mal nur in Österreich und ein bisschen in Bayern, wenigsten das schlummernde Wort. Bis . . .? Bis so um die Jahrtausendwende es wieder auferstand, wie neu geboren. Es brauchte aber Geburtshelfer. Da boten sich seit den 90ern mehrere an. Später kam einer, aber der war a Hund, wie man in Bayern sagt. Er brachte die ganze Regierung hinter sich. Und vielleicht auch eine Menge Bürger. Denn zuerst sollten ja mal nur die Ausländer zahlen. War doch fair! Wir zahlen auch bei denen. Und die nicht?

Aber das *Ausländer* war diskriminierend. Das hat man dann rausgelassen und generalisiert zur PKW-Maut. Da war das Wort produktiv geworden, andere Komposita kamen ins Spiel wie *Maut-Debakel*. Jetzt hieß es weiter gegenzusteuern. Zumindest das verbrauchte Wort musste weg. Also kam es zur Infrastrukturabgabe, wenigstens für einen Teil.

Dem Geburtshelfer war nicht so ganz klar, dass es Gesetze und gar einen Gerichtshof gab – nicht umsonst war er Jurist. Auf jeden Fall war er ein ganz schneller. Unverzüglich brachte er das Ganze auf den Weg, ließ die Infrastruktur aufbauen. Für viele Millionen. Die zahlten später dann die, die sie haben wollten. Leider nicht nur die. Eben: die Bürger und Bürgerinnen. Das heißt wir. So kann es gehen nach dem Moralprinzip:

Was du nicht willst, dass man dir tu, das füge doch den andern zu.

## Schwulitäten

Eine Schwulität kommt selten allein, eher massiert als heikle Situationen. Hier möchte ich das Wort eher polemisch für ein Thema verwenden, das die Gesellschaft seit eh und je bewegt: *schwul* und *Schwule*. *Schwül* und *schwul* waren schon lange wechselnde Varianten, bis letztere sich selbständig gemacht hat. Ein Rätsel die metaphorische Übertragung, die sich wohl auch in *warmer Bruder* findet. Hätten Sie eine Idee?

Da Homosexualität verpönt war, so sprach man eben auch von etwas Verpöntem mit dem Wort. Wie könnte man anders, wenn es kein andres Wort gibt? Und wenn es eins gäbe, würde das nicht sogleich infiziert?

Ein Hase-und-Igel-Spiel.

Neuerdings hieß es, Schwule würden das Wort nun voller Stolz als Eigenbezeichnung wählen. Das ist positiv zu sehen. Allerdings: Ich muss das Wort weiterhin gebrauchen, wie ich es gebrauche. Und vielleicht viele.

Eine andere Zuschreibung lautet, das Wort gehöre der Umgangssprache an. Wie wird damit umgegangen? Die Umgangssprache des Bundestags? Hier ein paar Kostproben.

**1958:** Ich bin froh, dass ich diese Lumpen nicht gewählt habe, diese schwulen Brüder in Bonn.

Wer das wohl war?

**1984 ganz stark:** Nun war alles klar, und es musste schnellstens gehandelt werden; denn ein schwuler Viersternegeneral war zumindest ein Sicherheitsrisiko, wenn nicht gar eine Schande für die Bundeswehr.

**1985:** Ich bin nicht stolz darauf, der erste offen auftretende schwule Abgeordnete in der Geschichte des Deutschen Bundestages zu sein.

**1988 endlich:** Die Wörter „Lesbe" und „schwul" werden von mir gerade in diesem Hause immer wieder genüsslich ausgewalzt.

Die Fortsetzung folgte bis heute. Und wir alle hoffen, dass sie je aus dem rauskommen, was unser Lemma besagt.

Und wir aus dem Hype drum rum.

## Sprachgefühl

Sprachgefühl braucht natürlich ein jeder. Schon wenn sie dies hier so schriebe. Doch alle haben es tatsächlich. Wir müssen nur wissen, was es ist, wie es sich anfühlt.

Das Wichtigste am Gefühl ist, dass jeder Mensch sein eigenes hat, dass aber fast jedes Gefühl unter allen Menschen verbreitet ist. Natürlich ist das höchste der Gefühle die Liebe. Und das gilt eher universell. So ist es bei der Sprache nicht, man muss eine bestimmte können. Und da wird es prickelnd. Allgemein wird angenommen, dass Menschen eine Sprache unterschiedlich gut können können. Und dann?

Als Wort kam das Sprachgefühl so um 1800 ins Deutsche, mit einer ersten Spitze um 1940. Dann abwärts. Nur das Wort? Aber bitte bedenken: Das Selbstverständliche wird meist nicht benannt. Ein gutes Zeichen also?

In der sprachlichen Erziehung galt das Sprachgefühl schon immer als hohes Ziel. So galt die solide Kenntnis der klassischen Literatur als unbewusste Grundlage der eignen Produktion, als ein sicheres Sprachgefühl. Wird so die natürliche Sprachentwicklung unterstützt, so wird es gelingen, das Fehlerhafte zu entfernen, Natürlichkeit und Wahrheit des Ausdrucks zu befördern, überhaupt das Sprachgefühl immer mehr auszubilden und zu schärfen – hieß es einst.

Auch didaktisch gab es schon lange Rat: Wohl aber kann das Sprachgefühl gebildet werden durch Zusammenstellung gleichgebildeter Wörter und durch Hinweisung auf den Unterschied, der aus Vertauschung sinnverwandter Wörter entsteht.

Leider kann das Sprachgefühl auch schwinden bis hin zum Verlorengehen. Manch Gefühllosen fehlt es ganz. Es kann beleidigt und verletzt werden. Aber – wie gesagt – man kann es auch entwickeln und verbessern.

Merke: Stirbt das Sprachgefühl, bröckelt die Kultur.
Denn letzten Endes entscheide das Sprachgefühl.
Wichtig ist, dass uns das Sprachgefühl sagt, was richtig und
wichtig ist. Und das tut es immer. Darum zurück zum Aus-
gang und zur sprachlichen Bildung.
Heute bei meinem morgendlichen Rundgang, zwei kleine
Mädchen mit ihren Rollern im Wettstreit: „Los! Wer erster
ist!" Wie die sich wohl gefühlt haben?
Als kompetitive Jungens?

Geschockt hat mich wie gesagt dieses.

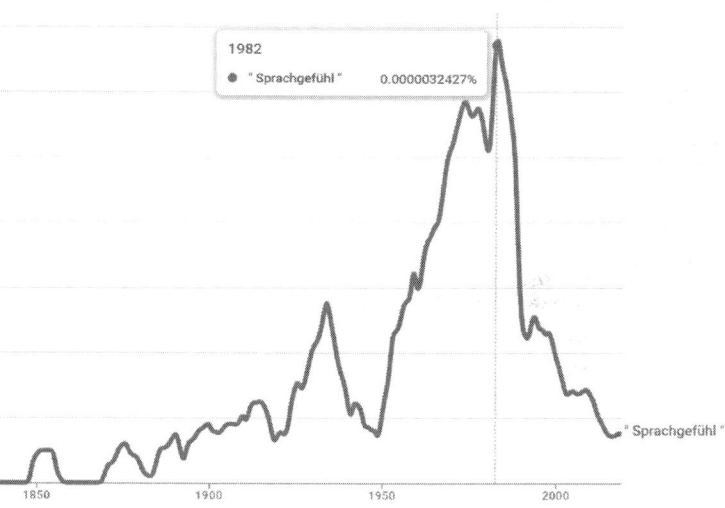

Auf das Wort kommt es nicht an – werden manche sagen.
Wirklich?

## Mehr gut

Geht nicht. Natürlich nicht, werden gestandene Grammatiker sagen. Aber die, die es trotzdem an die große Glocke hängen, haben ihre Motive. Verkaufen! Verkaufen! Sie kümmert nicht „Gar grausam rächet die Grammatik sich gegen ihre Verächter". Die über Jahrhunderte wirkende Drohung wirkt bei ihnen nicht.

Bleibt die Frage: Bei wem wirkt sie überhaupt noch?

Die Steigerung – ich meine die sprachlich grammatische – scheint manchen Schwierigkeiten zu machen. Das ist verständlich, wenn sie nicht regelhaft läuft, wie bei

*hoch – höher – am höchsten*

oder bei unserem Anfang mit

*gut – besser – am besten*.

Gut, dafür haben wir Verständnis. Auch noch bei Umlauten wie

*groß – größer – am größten*.

Etwas weniger schon bei *dick* oder *leicht* und *schwer*. Ja schwer, man wird schwer was machen können.

Weil es leichter scheint?

Oder ist?

Leider doch eine Idee mehr lang.

Und so muss man auch schon mal fragen:

    Wer ist hier mehr zuständig?

    Geht bald nicht noch mehr besser?

    Und wäre das am besten?

    Oder mehr besser mehr am besten?

## Endlos endungslos

Deutsch ist nicht so ganz einfach. Wer es als Muttersprache lernt, hat es gut. Es geht einfach so nebenbei. Obwohl . . .

Eine Schwierigkeit: Deutsch ist eine flektierende Sprache. Das heißt, dass wir vieles mit Endungen (linguistisch: Flexiven) machen. Oder eben auch nicht. Das gilt vor allem für den ungesteuerten Zweitspracherwerb. Da war immer schon die bevorzugte Lernstrategie: Weglassen! Was man weglässt, kann man nicht falsch machen.
Es sei denn, gerade das ist der Fehler.
Was hat man alles so weggelassen! Alles, was überflüssig schien und irgendwie auch war.

>Ich hier zu Hause. Will Deutschland bleiben. Bin schon 30 Monat da. Mein Kinder auch kommen.

Sowas hat man auch schon mal als Pidgin bezeichnet. Aber bitte keine Diskriminierung.
Auch ich werd scho ma ein Buchstabe oder ein Laut auslasse, da musst kein Koller ham. Wir machn das jetzt schon länger und nich nur mit de Endunge. Bis Gutenberg-Erfindung gibs nichts Gedruckt. Die viele junge Jugendliche sin heut schon weita. In meim Leben kann das Bedeutung Deutschland oder Deutsch nich betreffn. Nächst Jahr geht besser. Zukunft liegt vor.
Aber wie sieht Zukunft von Deutsch aus?
Wird verschwind?
Oder kurz?
Leicht Sprach?!

## Kiez

Natürlich in Berlin, aber wo in Berlin? Das ist nicht so bestimmt. Man sagt, in Hamburg gibt es das auch. Da sei es mehr das Rotlichtviertel oder sanfter das Amüsierviertel. Früher war es mehr ein Dorf-Anhängsel, in dem etwa die Fischer lebten. Jetzt – sagen wir mal – ist es eher ein Milieu. Und etwas rätselhaft hier aus „Des Knaben Wunderhorn":

Und wenn ich dich schon nehme,

So haben wir kein Haus,

Da setzen wir uns in die Kieze

Und schauen oben raus.

Klingt doch vielversprechend.

So 1990 hat das Wort den Absprung geschafft in die allgemeine Öffentlichkeit. Und da waren es wesentlich die Typen, die dahin gehören. Sie sprechen ihre eigene Sprache, eben Kiezdeutsch. Das kann ich hier nicht detailliert beschreiben. Stattdessen ein paar Beispiele, die zeigen, wie fortgeschritten diese Sprache ist. Sogar Shakespeare schafft sie.

Lifes . . . a tale told by an idiot . . .     The wound of peace is surety.

Leben, Lan,                                In Sicherheit zabbert
voll krasse Story.                           der Friedn.
Hochgepusht
vonnem Labermann.

To be, or not to be,                       Since brevity is the soul of wit.
that is the question.
                                            Sach nisch ze viel,
Wallah!                                      aber voll genug.
Soll isch echt so weiter leben?
Oder gar nisch?

# Register

| | | | | |
|---|---|---|---|---|
| 68er | 76 | Endlos endungslos | 139 |
| abgeschlafft | 80 | entartet | 44 |
| Ahnenerbe | 42 | Entwelschung | 8 |
| Anti-Baby-Pille | 109 | Erbfeind | 10 |
| Antifa | 108 | fanatisch | 50 |
| arisieren | 43 | FLAK PAK STUKA | 57 |
| artfremd | 63 | Franzmann | 29 |
| Asyl | 120 | Gastarbeiter | 85 |
| Atombusen | 73 | GAU | 114 |
| aufreißen | 79 | Glasnost | 104 |
| ausschalten | 35 | Höhere Töchter | 12 |
| Avatar | 124 | Im Westen nichts Neues | 40 |
| Backfisch | 14 | Intellektuelle | 49 |
| Besserwessi | 105 | Jetztzeit | 22 |
| Bestseller | 72 | Kiez | 140 |
| Bikini | 74 | klammheimlich | 86 |
| Bildungskatastrophe | 82 | Kohlenklau | 52 |
| Blauhemden | 96 | KZ | 54 |
| Blaustrumpf | 11 | La Ola | 122 |
| Blindgänger | 27 | Mauerspechte | 106 |
| Bombenteppich | 55 | Maut | 134 |
| Burgfrieden | 31 | Mehr gut | 138 |
| Chancengleichheit | 84 | Mischehe | 45 |
| Chaoten | 87 | Multikulti | 129 |
| Chauvi | 89 | Music-Box | 70 |
| Dampf machen | 18 | Nicht-Deutsch | 130 |
| Das Unbewusste | 24 | Notexamen | 34 |
| Dem Genitiv sein | 132 | Notgeld | 32 |
| Deutsch-Deutsch | 103 | Onkelehen | 65 |
| Die Wehrmacht | 58 | PAK FLAK STUKA | 56 |
| DM | 67 | Plagiat | 128 |
| Dolchstoßlegende | 38 | Propaganda | 51 |

| | | | | |
|---|---|---|---|---|
| Quisling | 62 | | Zigarettenwährung | 66 |
| RAF | 111 | | Zivi | 90 |
| rasant | 15 | | Zwangsanleihe | 36 |
| Rechtschreibreform | 126 | | | |
| Reichskristallnacht | 94 | | | |
| Schickimicki | 110 | | | |
| Schlotbarone | 16 | | | |
| schneidig | 46 | | | |
| Schrittmacher | 91 | | | |
| Schwulitäten | 135 | | | |
| Sit-in | 92 | | | |
| Soli | 93 | | | |
| Sonderbehandlung | 53 | | | |
| Sprachdummheiten | 20 | | | |
| Sprachgefühl | 136 | | | |
| Sprachspiel | 69 | | | |
| Stasi | 98 | | | |
| Sterbehilfe | 133 | | | |
| Störfall | 115 | | | |
| Stunde Null | 60 | | | |
| Sympathisanten | 88 | | | |
| Trommelfeuer | 26 | | | |
| Trümmerfrauen | 64 | | | |
| Umwelt | 116 | | | |
| Unmensch | 68 | | | |
| unterbelichtet | 19 | | | |
| Untermensch | 47 | | | |
| Unwort | 131 | | | |
| Vatermörder | 39 | | | |
| verfranzen | 30 | | | |
| Waldsterben | 118 | | | |
| Wende | 100 | | | |
| Wolkenkratzer | 23 | | | |
| Zeitraffer | 21 | | | |